中國學術思想 研究輯刊

五 編

林 慶 彰 主編

第 17 冊

王船山禮學研究
——以兩端一致論爲研究進路

陳 章 錫 著

花木蘭文化出版社

國家圖書館出版品預行編目資料

王船山禮學研究——以兩端一致論為研究進路／陳章錫 著—
初版 — 台北縣永和市：花木蘭文化出版社，2009〔民98〕
目 4+170 面；19×26 公分
（中國學術思想研究輯刊 五編：第 17 冊）
ISBN：978-986-254-046-6（精裝）
1.（清）王夫之　2. 禮記　3. 學術思想　4. 研究考訂
531.27　　　　　　　　　　　　　　　　　98015041

ISBN -978-986-2540-46-6

9 789862 540466

中國學術思想研究輯刊
五 編　第十七冊

ISBN：978-986-254-046-6

王船山禮學研究——以兩端一致論爲研究進路

作　　　者　陳章錫
主　　　編　林慶彰
總 編 輯　杜潔祥
出　　　版　花木蘭文化出版社
發 行 所　花木蘭文化出版社
發 行 人　高小娟
聯絡地址　台北縣永和市中正路五九五號七樓之三
　　　　　電話：02-2923-1455／傳眞：02-2923-1452
網　　　址　http://www.huamulan.tw 信箱 sut81518@ms59.hinet.net
印　　　刷　普羅文化出版廣告事業
封面設計　劉開工作室
初　　　版　2009 年 9 月
定　　　價　五編 20 冊（精裝）新台幣 33,000 元

王船山禮學研究——以兩端一致論爲研究進路

陳章錫　著

作者簡介

陳章錫，1958 年生於台北縣板橋市。學歷：台灣師範大學國文系學士、國文研究所碩士。中國文化大學哲學研究所博士。現任南華大學文學系副教授。曾任南華大學文學系、所主任，德霖技術學院專任講師。著有：王船山《詩廣傳》義理疏解（碩士論文），王船山禮學研究（博士論文），藝海吟風（陳章錫五十詩書創作展集）。榮獲：行政院國科會研究計畫補助——王船山美學思想研究（2004），《禮記》思想之哲學釐析及系統建構（2007）。近年發表〈王船山音樂美學析論〉、〈王船山人格美學探究〉、〈王船山美育思想評析〉、〈王船山《詩經》學中之文學理論〉、〈從王船山「兩端一致論」考察《小戴禮記》教育觀〉、〈論《禮記·禮運》的政教文化觀〉、〈《禮記·王制》政教思想探究〉等系列期刊論文。

提　　要

　　本論文定名為「王船山禮學研究——以兩端一致論為研究進路」。文獻上以《禮記章句》一書為研究核心，並旁涉船山其他著作，要在以簡御繁，期能兼括船山哲學及禮學這兩個研究面向，皆能達到相當水準的研究成果。

　　在船山哲學部分，特揭出兩端一致論的研究方法，以其為最能代表船山哲學特色的對比辯證思維模式，此一方法係由船山首先自覺提出，一方面是往上融鑄先秦原始儒家論、孟、易、庸等代表性著作的思理精粹，向下又可貫串船山全部哲學著作，提綱挈領，令其思理井然。

　　至如禮學這個研究面相，素以文獻資料繁夥難治著稱，而船山並用義理與考據這兩種研究方法，加上船山本必貫末，末還滋本的思維特色，禮學文獻必能因突顯義理主幹，以致制度儀節的分枝末葉，也能層次分明，各顯其用。

　　全文共分六章，前二章為思想研究基礎、文獻背景及分析方法的介紹，第三至第六章為《禮記章句》一書的理論探索，前二章為文獻之體，後四章為方法之用。三至六章又分兩端之互動，第三章從發生層面，談歷史、文化、政治、人性這整個禮體（禮儀、禮制、禮貌、禮器、禮行）的現實表現；四、五、六章則側重整個內聖外王之學形上原理的探索。但其中第四章又較偏於內聖學，第五章論政治，第六章論教化，則較偏於外王學。因此，兩端一致論的研究方法，實已融貫於其間。

　　第一章先提出筆者個人於研究船山禮學所依據的基礎觀念，認為禮的範圍幾已關涉中國文化的全部內容，在歷史的發展過程中有仁、禮二端互動的張力，復古與創新之間端在掌握貞一之理，變不失常。再就知人論世的角度介紹船山生平及著作之心路歷程、學術成就，並介紹船山兩端一致的思想方法，以之作為本論文研究進路。

　　第二章指出《小戴禮記》形成的背景及其價值，在於綜攝先秦儒學研究總成果，從中引出船山「章句」的注疏方式能兼顧考據、義理。

　　第三章，藉由大同、小康兩種政體的辯證互動，說明理想與現實的對話與融通提升。

　　第四章，探討心性學核心的道德實踐，如何奠定良知根基，展現實踐的框架規模，以建立內聖外王，下學上達之道。

　　第五章論政治實踐欲達致廣大深遠的功效，須以五至三無的觀念作為形上原理，說明聖王以其公心誠意如何保民愛民。

　　第六章論教化的原理，重視落實教育制度，深化學習方法來啟迪良知，善導人性，形成人人皆為君子的大同世界。

　　總之，全文義理的呈顯，綜合辯證方法與歷史文獻，雙軌並行，迴環相應，既能突顯船山哲學特色，又能介紹禮學文獻的內涵，期待這項研究成果能為中華歷史文化的價值理想有所闡發。

目

次

第一章 緒 論

　　禮學是中華歷史文化的根本內容，歷來研究禮學者，或偏考據，或偏義理，難以窺探禮學精義之全豹。惟有王船山（1619～1692）哲學體大思精，故能重開六經生面；既能由本貫本，肯定良知大本，又能落實於生活實事中，即事以窮理，即器而見道。因此，船山實能兼融考據義理兩種方法，冶於一爐，使禮學內涵得到深度開發，並且對於當代道德文化深具啟示。此外，船山親身經歷嚴酷之政爭及亡國之悲憤，尤能以存在感受深化其對歷史文化之體會，及感知人世之困限。綜上諸端，王船山禮學誠然是一項值得探究的課題，而此即本文創作之緣由。蓋吾人身處中西文化交盪，政局憂疑危殆，人性慘刻黯晦之今日家園社會，豈能不深思痛省，滿懷憂患，更加惕厲奮勉？

　　本論文第一章為緒論。

　　第一節主要在說明研究船山禮學所應具備的基礎認識。首先要指出，研究禮學的現代意義在於返本開新，並落實在文化教育中，提昇個人涵養，善化社會生活。其次要呈現船山禮學的義旨，指點出仁、禮互動的歷史文化觀；第三要解釋船山何以認為禮學文獻中，以《小戴禮記》最具研究價值，並對其加以注解；第四則從船山哲學的造詣深度及注禮方式兼重考據義理，點出船山禮學的研究價值。

　　第二節從知人論世的立場介紹船山生平、歷練、學思歷程。其學術思想繼承儒家仁教心傳、性情之教，肯定張載學術方向之正，而有由本貫末、即氣言體、乾坤並建的哲學特質。

　　第三節則說明本論文的研究進路是「兩端一致論」，這是當代學者從船山龐大著作中抉發出的共同精神，也是筆者採取的詮釋架構。但傳統上素以「注

疏」作爲學術研究方式，不同於當代學術研究著重摘出基本觀念，作思想體系的建構說明。因此筆者在論文的章節安排中以呈顯「兩端一致論」的學術精神爲主，但在說明的過程中，則與當今學者研究方法不盡相同。基本上是摘取船山文句，順其文義，予以詮釋引申，並非割裂船山著作之文句作爲筆者主觀建構的注腳。總之，可以說是意圖折衷傳統學術與當代研究方法，在「我注船山」與「船山注我」這兩端之間取得平衡，相信這也是對船山著述方式的一種尊重。

第一節　王船山禮學的研究基礎

一、爲何要研究船山禮學

（一）禮學的現代意義──返本開新，落實於教育文化

「禮」是文明的表徵，尤其在中國歷史上，「禮」向來是民族心靈在集團實踐過程中，在人間各項活動的總體表現，禮所包含的層次最廣，若就縱橫兩向而言，可說相當於文化哲學及歷史哲學的研究範圍。〔註1〕

在今日，研究禮學絕不是落伍而跟不上時代的表現，因爲只要中華民族還活躍在世界的舞台上，「禮」即必然佔有一席之地，只因爲「禮」是民族集團生命的總體表現。且畢竟生活中的孝道、倫理、禮俗、教養，無不涵容在禮教的大海裏，個人的復性立人極、參贊歷史文化皆寓乎其中，禮之爲用大矣哉！但是如何看待禮？理解禮？及如何表現禮？卻是個相當嚴肅而艱難的課題，因爲對禮的內涵定義，各有廣狹高下，人人看法不同，卻都同樣關心，而如何深入而妥善地理解中華傳統文化，並且與時俱新地適應當前世界，及面對人類未來的各種艱難與挑戰，禮學永遠都是一個日新又新的重要項目。

溯自十九世紀以來，中華民族飽經內憂外患的摧殘、打擊，早已喪失民族自信心，下焉者竟把一切屈辱、落後的結果，歸罪於傳統禮教的束縛及壓迫，對祖先遺留下來的寶貴文化遺產不覺痛癢地加以漠視，甚或誣蔑攻訐，其中也有極端自卑者，數典忘祖，認賊作父，唯西方文化馬首是瞻，此實不足取。至於中焉者僅能隨波逐流，無可無不可地隨順世俗禮儀節目平順過日，頭出頭沒於功利競逐之場，麻痺習慣於俗情世間的毀譽計較之中。當然，尚

〔註1〕唐君毅，《中國哲學原論・原道篇卷二》，臺灣學生書局，1978 年三版，頁 92。

有少數的上焉者追求智慧，立身純正地修己應世，仍能敬謹戒慎地護持主體本有的良知善意，秉承客觀的道德法則，以待人處事。綜上可見，對於禮學的客觀價值及其深刻內涵意義，則大多數人未必能知其所以然，此實不免令人有憾。畢竟優雅文明的生活教養，才能讓傳統文化及大同理想的意義充分發揚及得到實現。這些則有待於學者專家及文化工作者等有心人士，予以省察、探索傳統文化的價值所在，及在現代的意義為何，因此，將「禮學」的內涵精蘊落實於教育文化之中，才是文化薪傳的正確途徑。

（二）禮學的未來展望──融貫中西，實現大同理想

吾人立足當世，思欲植根於優良傳統文化以邁向未來，固然應當借鑒、汲引世界上其他文化的優點，以反省檢討改善自我文化的缺失不足之處，不宜故步自封，自陷泥淖，反而應該知己知彼，雙管齊下，才是周全良策。眾所周知，東西文化各擅勝場，前者如天人合一，物我融合，視自然為有機連續體，及重視自我道德主體，為東方文化所充分抉發其義，後者如科技文明，邏輯認知，完整的政經制度，重視自由民主人權等，則為西方文明較能客觀切實地展現於現實人世，此無可諱言地，必定能加速助益中華文明及大同世界理想藍圖的實現。此間唯仍須注意，從學理的實質內涵上，自信地肯定自我民族文化的主體性及優越性，應該還是必然且起碼的堅持。其中尤須區別盲信激情，避免義和團式的瘋狂自毀，也不可故步自封，抱殘守闕，而應該是從學術層面上全盤、客觀、理性地了解中華傳統文化優美日新富有的特質，並且對照不同文化來調整，創新自我文化，而這才是今日學者責無旁貸的重大任務。

（三）借資船山《禮記章句》足以深化禮學思想內涵

中華傳統文化的內涵可謂豐富多采，包羅萬有，而禮學正是其中重要的一環，在今日仍然吸引許多學者的注意及予以研究，自漢代《小戴禮記》結集以來，下迄清代之歷代禮學即在此書涵蓋下，關連著《周禮》、《儀禮》二書，給予注解并研析其內容而大體已備。基於個人志趣及對社會的關切，忝列於有志研究文化傳統的一員，將以王船山注釋《小戴禮記》的專著《禮記章句》〔註2〕為核心展開研究。雖才疏學淺，誠願黽勉從事於斯。

船山學術三百年來，迭經異族統治、及民國以來政治的動盪，先因遺著

〔註2〕 本論文所使用的船山著作文本《禮記章句》，收于《船山全書》第四冊，長沙，嶽麓書社，1991 年。

散佚，復經革命思想及唯物主義風潮的席捲，其著作之潛德幽光，並未能全幅展現。所幸船山學研究在有志之士堅持努力之下，仍有相當成果，尤其對於船山哲學的主要思想觀念及理論系統已經確立，諸如即氣言體、即器見道、理氣合一、性習相成……等。以及兩端而一致的方法論，在學術界已形成共識。至於船山在「經學」方面的著作仍有相當大的研究發展空間，〔註3〕尤其在禮學方面，幾乎尚未正式受到詳實的細密研究。〔註4〕

　　因此，筆者在研究《禮記章句》時，著重建立船山禮學自身的思想系統，讓《禮記》這一部經典站在自己的立場說話，除徵引其原文，尋繹其思理之外，並與《禮記》全書關連，分別其本末體用，且在內聖外王、修己治人之道的整體架構下，表現《禮記》不同於其他五經的思想特色。但在研究船山禮學之前，仍不得不先借用當代學者現有船山研究的系統、主要觀念，以及方法論，作一鳥瞰性地掌握。中國大陸學者也有數量頗多的船山研究著作，但因從唯物論觀點出發，認定船山是唯物論而仍有唯心主義雜質，加以註解，〔註5〕其理解並不切當於船山所承傳的孔孟儒學背境，然而仍可參考其外緣研究部分作爲輔助。此外，民國以來學者研究船山思想所引用的文字大皆有重複性；而其實以船山龐大的著作，值得徵引探究者頗多，宜從微觀上多做探究

二、船山禮學的義旨——指點出歷史文化中仁禮互動的內涵

　　就禮的內容而言，論其大體應包括思想、制度、及器物三個層面，或再詳細說明爲下述三項：

〔註3〕　例如，王興國先生說：「在微觀研究上，還大有文章可做。對過去研究中的一些薄弱環節，如人學思想、價值哲學、文化思想、藝術哲學、經學思想等等，需深入研究。」見〈紀念王船山逝世三百周年學術討論會綜述〉一文，收於《中國社會科學》，1993 年第二期（總第八十期），北京，中國社會科學出版部。頁 112。

〔註4〕　目前有關船山禮學研究有：業師曾昭旭先生《王船山哲學》中之〈船山之禮學〉一節，對於船山禮學著作方式及注重禮之本末通貫、人禽之辨、孝祭之禮等觀點，作義理撮要，提綱挈領，深具啓發性。另有政大中文研究所碩士論文：林碧玲，《王船山之禮學》，1986 年。該論文仍在曾文範圍內微引船山原文，作資料排比，較少分析新詮，對《禮記章句》的堂奧，仍尚有頗多值得發展及深入研究的空間。

〔註5〕　例如嵇文甫，《王船山學術論叢》，臺北，谷風，1987 年翻印版，頁 47～57。有一專章爲〈王船山的唯物主義思想及其唯心主義的雜質〉。此一論點早被大陸學者當做共識在運用。

禮意——思想、精神、心靈、文化背後之意義及象徵。

禮文——典章制度、及人類社會生活中各種禮節儀式。

禮器——器物（樂器、祭器、道具，犧牲粢盛等祭品、供品、用品），動
　　　　作（進退動止、俯仰屈伸等禮貌性動作）

　　其中第一項「禮意」是指形而上本體的層次，以孔子、孟子儒學傳統及其
所稟承的堯舜禹湯文武周公之道統心傳為主，以仁義忠信敬誠中庸等作為核心
道德觀念。第二、三項則是形而下現象的層次，表現於政治文化、社會生活等
各個層面，無所不在，因其背後須以道德心靈（禮意）作為根據，以及物潤物
作為標的，故稱之為道德建構或道德事業，以其內涵道德價值意義之故。綜言
之，形上、形下之間又須互動協調，相輔互成，整體表現於歷史文化的進程當
中，簡言之，即是仁與禮二大端的辯證互動，迴環相抱，此如王船山所言：

　　緣仁制禮，則仁體也，禮用也；仁以行禮，則禮體也，仁用也，體
　　用之錯行而仁義之互藏，其宅固矣。《禮記章句‧序》〔註6〕

文中所談即是中華文明始制以來，得以繩繼不絕，形成道統文化之所由，其
要旨在於仁禮之互為體用。仁是歷史文化的內在根源及道德實踐的動力，禮
則是外在禮儀文制的文明風貌，也是仁心得以落實呈現的把柄及依據。因此，
儒學的創始人孔子常以仁、禮二目表達其思想內涵，雖然仁心自覺才是歷史
文化的源頭活水，同時郁郁周文所在的禮樂制度，孔子仍予以重視反省，《論
語》中記載孔子所言有：

　　人而不仁，如禮何？人而不仁，如樂何？〔註7〕

　　禮云禮云，玉帛云乎哉？樂云樂云，鐘鼓云乎哉？〔註8〕

　　克己復禮為仁，一日克己復禮，天下歸仁焉？〔註9〕

從文中可知禮在實質上必須包括仁的觀念在內，因為仁即是禮意之所在，正
是禮之所以為禮的內在根據及意義所在。雖然仁心自覺才是歷史文化的源頭
活水，孔子也著重在以質救文，不過郁郁周文所在的禮樂制度，孔子仍是不
斷地致其贊歎之意，也精研禮文，並以知禮著稱於世。可見禮文實在不可忽

〔註6〕　王船山，《禮記章句》，（《船山全書》第四冊），長沙，嶽麓書社，1991年。頁
　　　　9。本論文均徵引此一文本，隨文註明頁次，不再作下註。
〔註7〕　《論語‧八佾》。
〔註8〕　《論語‧陽貨》。
〔註9〕　《論語‧顏淵》。

視，因爲歷史文化的富有日新，端視客觀禮文中典章制度及生活儀節日用器物的整體表現，也正視人的材質之表現，及其幽暗面易成行道的障礙，故須克己與復禮，才能讓仁心眞實地呈現。但是禮也必須包含仁，內蘊生機，有其本源，不可徒然視禮爲一固定的型範及理則，若是外在而僵滯地說禮是行不通的。

此亦如孟子所強調的，禮必須能通權達變，《孟子・離婁》載孟子回答淳于髡執著「男女授受不親」是禮時，批駁說「嫂溺不援，是豺狼也。男女授受不親，禮也；嫂溺援之以手者，權也。」即在強調禮文作爲社會秩序的常法常規，應在必要時予以斟酌變通，因爲作爲禮之根本的仁心是不容忽視的。故船山論「權」的觀念說：

> 夫禮，經也；因事變之不齊而斟酌以中節者，權也。唯聖人而後可
> 與權，則下此者不得與矣。(《禮記章句・卷三、檀弓上》，頁 131)

即意謂必須要有內聖之學仁心內寓的思想，中心有本，才能通權達變，衡量是非善惡曲折，作出正確的判斷。由於「仁、禮」二端的迴環互動，放入時空因素而言，禮的內容乃表現爲「歷史哲學」與「文化哲學」。一方面就橫向空間的廣度言，禮包含所有文化各層面的諸般表現，如宗教、政治、社會、倫理、教育等，可以說是一套「文化哲學」，但是另一方面，從時間的縱度看，禮要因時制宜，亦必有所因革損益，須以仁心作爲權衡的依據，仁禮二者迴環互抱，相攜並進，使得歷史文化因而在積累之中日新富有，是以禮又可以說是一套「歷史哲學」。

三、船山對禮學文獻的評價──三禮中特重《小戴禮記》

上述禮學內容之研究有形上禮意、形下禮文之區分，簡言之，即仁、禮二端之區分，而仁禮二者的辯證互動，也與歷史文獻相對應。研究禮學所須依據之最根源且重要的文獻，是《十三經》中的《周禮》、《儀禮》、《禮記》三種經典，合稱《三禮》，其中《禮記》代表的是孔子以後，下迄西漢初年，儒家學派秉承孔子仁教以研究禮學的總體學術成果，[註10] 可說是蘊藏禮意最爲豐富的文獻。船山曰：

> 孔子反魯，定禮樂，引伸先王之道而論定其義，輯禮經之所未備而

〔註10〕參見任繼愈主編，《中國哲學發展史・秦漢》，北京，人民出版社，1986 年一版，164 頁首段。

發其大義，導其微言。七十子之徒，傳者異聞而皆有所折衷，以至
周末洎漢之儒者，習先師之訓，皆有紀述。小戴承眾論之後，爲纂
敘而會歸之，以爲此書。（《禮記章句‧卷一、曲禮‧前序》，頁 11）

由文中可知孔子的微言大義傳承至漢初，匯歸於《小戴禮記》，此即「禮意」
之所在。至於《周禮》，《儀禮》二書，大體可說是代表周公傳統以降的禮樂
制度，（雖可能成書較晚，有後人羼雜附入之理想化的制度儀節，但其來源應
甚早），〔註11〕則是客觀禮文的具體呈現，此即王船山所說：

周禮六官，儀禮五禮，秩然穆然，使人由之而不知。夫子欲與天下
明之而發揮於不容已，精意所宣，七十子之徒與知之，施及於七國，
西漢之初，僅有傳者，斯戴氏之《記》所爲興也。（《禮記章句‧序》，
頁 9）

由文中可知《禮記》所載才是先秦儒家學派自孔子至漢初之間數百年，孔門
師弟承先啓後探研禮意之所在，故上述《三禮》所含三種文獻都很重要，但
在研究的過程先後上，應從《禮記》一書入手，掌握微言大義之後，再順流
而下，研析另二本禮經著作，才是較爲明智的方向，亦即先談心靈思想層面，
再論制度、器物的層面，當然，此宜分兩面來看，船山說：

故自始制而言，則記所推論者體也，周官，儀禮用也；自修行而言
之，則周官，儀禮體也，而記用也。記之與禮相倚以顯天下之仁。
（《禮記章句‧序》，頁 9）

文中認爲在修行實踐的層次，《周禮》及《儀禮》所載的政治制度，生活儀節，
仍是較先行且落實於生活中的。不過在理論程序上看，禮由人制定，故在人
性根據及內在道德動源，必先予以安立，因此孔子的仁教自然較夏商周三代
以來的傳統禮文，須要更爲根本的肯定。所以《三禮》之中應以《禮記》作
爲優先研究理解的對象。此亦猶如宋元明以來《四書》與《五經》的關係，
先從前者孔子、曾子、子思、孟子的學說思想掌握孔門心傳，其次再研讀後
者所沿承的歷史文化傳統，才是由體達用，立本以貫末的順當程序。

四、船山禮學的研究價值

本節將從船山哲學及《禮記》的注解詮釋兩方面來呈顯船山禮學的研究
價值。

〔註11〕徐復觀，《中國經學史的基礎》，臺灣學生書局，1982 年初版，頁 168。

（一）船山的身世才情及哲學深度

　　船山身處明末清初天崩地裂的重大變局，民族及文化二者皆有亂亡之虞，存在的感受特別鮮明迫切，對孔孟春秋大義的體認及歷史文化的使命感與責任心，更是眞切深摯（生平傳略詳見本章第二節），以是其理論分析益加細膩周全，這從孟子知人論世的研究態度〔註12〕尤可感知。

　　其次，則因船山具有卓異的才情，廣大的學術心量，在歷史上也只有東漢鄭玄，南宋之朱子，曾遍注群經，對歷史文化作全面的整理考察，而船山則在身歷改朝換代、危亡奔竄、隱居窮荒之時爲之，尤屬不易。

　　再次，則是船山的哲學深度，在儒學發展史上總結了宋明儒於學術路向上理心氣三脈相互激盪之後，更高一層次的概括與融合。〔註13〕而在同時期諸大儒中，船山獨以哲學智慧的創發最爲專擅。（如黃宗羲擅長史學，顧炎武善於經學及考據。）

（二）船山禮學的價值──融合漢學、宋學研究方法，知識與道德並重

　　至於禮學史的演進，若關聯著整個儒家學術的發展來看，清代以來分爲漢學、宋學兩個詮釋路向，分別側重考據及義理兩種不同的研究態度與方法，而二者並非截然劃分，無法融會。其實是發展過程中不同時代的文獻來源及政經社會學術背景不同所導致。若還歸到歷史背景來考察，秦火之後，典藉焚棄，學統凋殘，文獻缺如，故在漢代儒學重振階段，須先從文獻的搜求、考證，及章句訓詁的基礎上作詮釋的預備工作，這是欲研討孔子所傳微言大義的必經路程，固不能捨訓詁以空言義理。至於宋明新儒家的著重闡發義理，乃至疑經改經，則是繼承魏晉玄學及隋唐佛學之後，儒學面對佛老二家挑戰，必有的回應及調適，乃偏重道德形上學及內聖心性之學的探索，加上五代政經社會亂亡，道德淪喪之後的文化調整，陸象山也說：「學苟知本，六經皆我注腳。」疑經改經並非全無可取，端視存心是否公誠敬慎而已。因此漢宋門戶之見甚無意謂，本無必要在此爭持學術地位的是非高下，在學術立場上二者相爲倚重，同樣是不可或缺。

　　就「禮學的注解詮釋」而言，船山的禮學研究融合兼採漢學、宋學二種研究方式，在字句的訓詁基礎上，串釋引伸，進而有儒學義理的深入發揮，

〔註12〕《孟子‧萬章下》：「頌其詩，讀其書，不知其人，可乎？是以論其世也。」
〔註13〕唐君毅，《中國哲學原論‧原教篇下》，臺北，學生書局，1977 年，頁 664。

可謂義理考據兼長並重。此因船山受朱子影響最深,同樣具有遍注群經的心量及作為,其注釋方式上承朱子。例如朱子編訂《四書章句集注》之中,有《大學章句》及《中庸章句》二書之作,二篇原是出自《禮記》一書,故船山之禮學著作定名為《禮記章句》,不可謂之巧合,而當是在肯定朱子的詮釋方式下而有意效法的作為。例如劉人熙日記(光緒十二年正月初二)曰:

> 船山先生《禮記章句》,因《大學》《中庸》有朱子《章句》而作也。
>
> 四十九篇皆以學庸為例,而學庸兩篇則仍朱子之舊,略伸朱旨,名之曰《衍》,示朱子所注已造極。〔註14〕

不但說出船山注疏方式效法朱子、推尊朱子之義,甚且推崇船山禮注足以超越陳澔《禮記集說》的貢獻。當然朱子與船山詮釋經典的作法也是對孔子的繼承,尤能重視孔子在經學史上的地位,〔註15〕一方面作主觀的修養體證,養成君子的道德人格,另一方面也重視客觀學術發展的繼承與發揚,以六藝(六經)教導弟子及入太廟每事問的敬謹求知之學術態度。此即是學思並重,重視實行,兼重知識與道德。〔註16〕尤其明代中葉以後王門後學空疏之弊,激發明末清初諸大儒重視經世致用的實證態度,船山也正是此種學術氛圍下的實行者。

(三)《禮記章句》在經學史上的地位——集禮學大成

船山《禮記章句》在禮學史上對《小戴禮記》全書依經作注的傳統上,不僅繼承漢代鄭玄《禮記注》、唐代孔穎達《禮記正義》及宋代衛湜《禮記集說》等訓詁義疏的路線,同時對於宋明新儒家所闡發的精微義理,尤能融會貫通於其說解的文義之中,使先秦儒學的精華再次抉發無遺(詳參本論文第二章第二節)。此外,與遍注群經的朱子相較,船山注解《禮記》的態度也有跨越朱子的部分,朱子重視的是《儀禮》的詮釋,不同於船山之重視《禮記》的詮釋。〔註17〕朱子道問學的治學態度,著重認知畢竟容易治末而忽本,欠缺向上一躍的德性心,此點早經陸象山尊德性之學術取向予以質疑。〔註18〕

〔註14〕《船山全書》十六冊,長沙,嶽麓書社,1996年,頁877。

〔註15〕徐復觀說:「總括地說,經學史的基礎,實奠基於孔子及其後學,無孔子即無所謂經學。……孔子及其後學所奠定的是經學之實,但尚未具備經之形。」見《中國經學史的基礎》,臺北,學生書局,1982年,初版,頁26。

〔註16〕《論語・為政》:「學而不思則罔,思而不學則殆。」「見諸行事之深切著明,不欲託諸空言。」

〔註17〕詳見本論文第二章第二節第五小段。

〔註18〕《象山全集》卷三十四「語錄」批評朱子「易簡功夫終久大,支離事業竟浮

陽明也在格竹病倒之後，知道朱子學問有所不妥。而船山是能避免此弊的，因爲由本貫末的學術方向是先肯定陸王心學的良知大本，再進一步落實於日用生活及道德事業的。是能兼重內聖外王二面，而作修己治人的躬行踐履。因此船山不僅總結宋明儒學三脈，也可謂眞能遙承論孟易庸的道統心傳，成爲正宗孔門儒學的繼承者與發揚者。

（四）船山注書的態度與方法——融貫義理與考據

因此，船山研究禮學的方法，採取義理、考據兩者兼重，兩者之間又相互提攜、促進，而落在研究程序上，似應是考據先行，再進至義理；尤不可止於考據上，即自足於此。在理解上卻又須在義理上有整體大方向的掌握，然後考據訓詁才有其價值。考據及義理二者是迴環互抱的，「本大而末亦不小」，相輔相成，不宜有畸重畸輕之分。在船山《禮記章句》中，即是融貫這二種詮釋方式：

第一，在每一篇章之前，有整體義理思想的鳥瞰及篇章醇駁之辨正；

第二，在內文中則先對逐一字句訓詁講解，再串釋該段義理；

第三，段落之分章之間，又有義理相互關係的說明，及文章結構之剖析。

以上三種著作方式都兼融了義理考據二種詮釋方法。尤有進者，全書篇章與篇章之間的體用本末，也常相照應說明，例如船山認爲〈大學〉、〈中庸〉是全書之體，全書是二篇之用；而在介紹各篇時，船山也常交待其間的理論相關，如說：

〈禮運〉是體，〈禮器〉是用；

〈表記〉是體，〈坊記〉是用；

〈大學〉是體，〈學記〉是用。

此種事例散見全書，俯拾皆是。

第四，船山對禮學的詮釋，又是放置於禮與其他五經的彼此關係，各別特色及整體觀照，因此整個儒學思想體系，乃至中華民族歷史文化，人道之價值尊嚴，都是船山念茲在茲的論述主題。

因此，研讀《禮說章句》乃不止是學問之事，而更是身家性命、國族命脈、文化傳統之所維繫。

沈。」之詩句，令其失色。義旨參見牟宗三，《從陸象山到劉蕺山》，臺北，學生書局，1979 年，頁 81～92。

第二節　王船山的學術思想特色

一、船山傳略及生平分期

王夫之，字而農，別號薑齋，晚年隱居於湘西之石船山，學者稱船山先生，湖南衡陽人。明神宗萬曆四十七年（西元 1619 年）生。清康熙三十一年（西元 1692 年）卒。

船山生平大約可以劃分爲三個階段：〔註19〕

（一）受教成材時期

自初生至二十四歲，爲船山少年浮躁之氣，受父兄教訓成材時期。其時明政已隳，上有宦豎弄權，忠直之士每遭摧折，士情激憤。下有流寇竄擾，外有滿清覬覦，國將傾覆。學界則歷經王學末流空疏之弊，乃轉向經世致用的實學風氣，例如黃宗羲重史學、方以智重質測之學、顧炎武重考據。

在家庭教育方面，四歲入家塾，從長兄王介之（石崖先生）受讀，七歲畢《十三經》，十歲從父王朝聘（武夷公）受經義。十九歲從叔父王廷聘（牧石先生）讀史。

在官方教育方面，明思宗崇禎五年（西元 1632 年），十四歲，考中秀才，被湖廣學政王志堅薦入衡陽州學。二十歲求學岳麓書院，與同邑精敏負氣之士，如夏汝弼、管嗣裘、文之勇等友人結成匡社，爲文酒之會，並評議朝政。

崇禎十五年（西元 1642 年），二十四歲，赴武昌應鄉試，中舉人，受到學政高世泰器重。是年李自成陷開封，清兵連下山東州縣，國事日非，夫之乃與考官章曠、蔡道憲引爲知己，以忠義相砥礪。冬，與長兄介之同赴北京參加會試，途中聞李自成陷湖北襄陽，張獻忠進逼蘄水，兄弟二人乃決計歸養。值得注意的是船山先天跳脫浮動的氣質受疏導於父兄之教，遂與時代激憤之氣結合而成船山之忠義。然不致滅裂折損，在無可奈何之餘，專志於學術，不力爭天命，成其希聖希賢之初幾。

（二）為國事奔走時期

自二十四歲至三十五歲，乃船山遭逢國變，奮力奔走，亦其激越之性情，與外境衝突磨鍊之時期。

〔註19〕傳略及生平三階段，均參酌曾昭旭先生著《王船山哲學》第一編，〈船山之生平〉，臺北：遠景，1983，頁 1～39。

崇禎十六年（西元 1643 年），二十五歲，張獻忠陷衡州，愛其才，執其父爲人質，堅請加入寇黨，夫之引刀自刺肢體，舁往易父，賊見其重傷，並免之。

崇禎十七年（西元 1644 年），二十六歲，三月，李自成攻入北京，思宗自縊於煤山。五月，吳三桂引清兵攻入北京。夫之涕泣不食數日，作悲憤詩一百韻。二十七歲時，清兵下金陵，福王降，二十八歲時唐王被執。

清世祖順治五年（西元 1648 年），三十歲，夫之與匡社舊友管嗣裘等舉兵衡山，戰敗，軍潰，遂走耒陽，由桂陽度嶺赴肇慶謁桂王。

順治七年（西元 1650 年），三十二歲，至梧州就行人司行人職，嘗三上疏參王化澄結奸誤國，幾遭不測，幸忠貞營統帥高必正營救得免，聞母病乃歸。

順治九年（西元 1652 年），三十四歲，徙居衡陽、祁陽、邵陽交界之耶薑山，屏跡幽居。桂林已潰，孫可望劫遷桂王於安隆所，其別將李定國兩次徵召夫之，夫之均絕意不往，蓋君見挾，相受害，難可託足。作〈章靈賦〉以見志，歷述先世之起兵勤王，己之含忠履潔，以報君國，而出處進退一如其義之情。

（三）歸隱著述時期

自三十五歲至七十四歲，爲船山歸隱著述時期。

順治十一年（西元 1654 年），三十六歲，秋，避兵零陵山區，冬徙常甯西南鄉西莊源，變姓名爲猺人。生計頗蹙，然困阨之中不忘爲學，爲人說《易》與《春秋》，此爲夫之講學之始；次年著《周易外傳》及《老子衍》，乃義理著作之始。

順治十七年（西元 1660 年），四十二歲，徙居湘西金蘭鄉之高節里，卜築於茱萸塘，造小室名敗葉廬。教學、著述爲業，其後十七年常居於此。

康熙八年（西元 1669 年），五十一歲，續居敗葉廬，冬，因林塘小曲築草庵，開南窗，名觀生居，題壁云：「六經責我開生面，七尺從天乞活埋。」此後，春冬往觀生居，夏秋居敗葉廬。

康熙十七年（西元 1678 年），六十歲，吳三桂僭號稱帝於衡州，囑夫之爲勸進表，夫之曰：「亡國遺臣，所欠一死耳。今安用此不祥之人哉！」遂逃入深山作〈袚禊賦〉以見志，事平方出。

康熙三十一年（西元 1692 年），卒於湘西草堂，年七十四歲，遺命禁用僧道，自題之墓石曰：「有明遺臣行人王夫之，字而農，葬於此。」自爲銘曰：

「抱劉越石之孤憤，而命無從致。希張橫渠之正學，而力不能企。幸全歸於
茲丘，固銜恤以永世。」

　　綜觀船山生平閱歷，數十年間，雖天下無道而能自行其道，沈潛以自養，
其激越之性情，逐漸曲折平伏，流入理性之成熟，乃能知明處當，素其位而行，
成就人格的剛毅柔韌，及其學術之富厚篤實，光輝日新。值得一提的是，船山
每經困窮，必於《易》義有得，二十八歲始注《周易稗疏》，乃當崇禎殉國後二
年，哀痛稍定之時。三十七歲作《周易外傳》，係勤王失敗，決志歸隱之初。五
十八歲作《大象解》，則迫於三桂而感時之變。其於《易》所深悟者，乃無處不
可行君子之道的剛健精神，可見其學問俱從實踐得來，並非徒託空言。

二、船山的學術淵源

　　船山先生為明末清初大儒，其學術遠宗孔、孟及《六經》，近承朱子、張
載、胡瑗。而身受家學《春秋》之教。因此在學術淵源按照歷史先後約有三
階段：

（一）遠承孔、孟、易、庸之仁教心傳、性情之教

1. 仁禮合一，習與性成

　　從孔子所言「克己復禮為仁」之語，能融合孔子仁教與周公禮樂文化傳統，
掌握「仁禮合一」之旨。並特別重視教育及學習的作用，故其人性論雖嚴守孟
子性善論立場，批判荀子性惡說之偏頗，但仍能不離氣質以說性，例如融合孔
子「性相近，習相遠」及「學而時習之」之意，提出「習與性成」的學習觀點，
由於人性論上採理氣合一、「理是氣之理」的觀點，形上形下混凝合一，只可於
理論上單提性善，而實質上不可分割，故對於荀子、告子、王充、楊雄等性論
也能正視，並加以處理。另也繼承孔子重視孝道及祭祀之義，於文中時有觸及。

2. 性情並尊、志氣交養

　　船山也繼承孟子盡心之四端、性情並尊，志氣交養之義。孔、孟思想原是
性情之教，重視性善及情意之教育，而自荀子以降，漢儒、佛學、宋儒皆貶視
「情」之地位，唯在船山則因重性復重情，詩、禮、樂、歷史、藝術……諸人
文活動乃受到重視，且能抉發其價值所在。〔註20〕尤以孟子志、氣並稱，不同
於後世儒者尊心賤氣，而乃是十字打開，在「心」上確立道德創造的方向，在

〔註20〕唐君毅，《中國哲學原論‧原性篇》，臺北，學生，1978，頁80。

「氣」上開出道德實踐的力量，故能本末通貫，由內聖通向外王。〔註21〕牟宗三先生稱譽船山是好的歷史哲學家，而說：「其具體解悟力特別強，故其論歷史，亦古今無兩。他那綜合的心靈，貫通的智慧，心性理氣才情一起表現的思路，落在歷史上，正好用得著。……由其遍注群書，見其心量之廣，見其悲慧上下與天地同流，直通於古往今來之大生命而爲一。」〔註22〕文中所述恰是以孟子兼重心性情才，及所說明大人之氣象，稱譽船山。

3. 批判懷疑精神

孔子曾批評管仲不知禮及冉求、季路欲助季氏伐顓臾，是不能修文德以來遠人。〔註23〕孟子云：「盡信書不如無書」，又闢楊、墨，詘詖行、放淫辭。〔註24〕王充破除喪葬迷信之觀點，也被船山接受。例如船山《禮記章句・王制》云：「後世術家之言，多設拘忌，不顧事理之緩急，尤其大者，莫如擇葬地，葬日之法，繁立死亡破敗之名以怖庸愚……」很明顯地，是繼承王充《論衡》之〈訂鬼〉、〈薄葬〉等篇的思想。〔註25〕

（二）近取於宋、明——最重橫渠與朱子，肯定陸王

船山推崇朱子與橫渠，其於橫渠尤從無間言，爲《正蒙》作注，及爲《近思錄》作釋，而後者已佚。對《正蒙》每篇撮述大旨，並爲原文疏解字句，於船山義理切近之處尤多引申。其於《正蒙注》篇首有序論一篇，略論數千年來道德學術升沈之故，認爲「養蒙以聖功之正」乃孟子所言始條理之事，故著其書爲奬大心而希聖，闡明形上之道，發揚道德智慧，以示人正路。確立孔孟性善之矩，屢與佛老就義理上對諍。船山歷述周子、二程、朱子、白沙、陽明諸儒及其徒眾，於學術理論發展中相激相成，中道不立，實因矯往過正。正確的道路應是在開始即以不激不疑之正道相浸潤，然後能自然盛大，其中唯張子《正蒙》能秉此道而作。故船山自題墓石曰：「希張橫渠之正學」，

〔註21〕 按：「十字打開」原出自陸象山語：「孔子以仁發明斯道，其言渾無罅隙，孟子十字打開，更無隱遁」，原指仁、義二字，此處別解爲心、氣二字十字打開。其義旨參見曾昭旭先生，《道德與道德實踐》，臺北，漢光，1983，頁85。

〔註22〕 牟宗三，〈黑格爾與王船山〉，收於《生命的學問》，臺北，三民，1976年四版，頁178～9。

〔註23〕 《論語・季氏》。

〔註24〕 其詳參見：蔡仁厚，《孔孟荀哲學》，臺北，學生書局，1988，頁329～345。

〔註25〕 參見陳章錫，〈王充的教育思想探究〉一文，《鵝湖月刊》，第269期，1997年11月，頁20～28。

其中正學是指道德方向之正，必由天至人，由人及物，本末一貫直下之方向，而非由末反溯以求本之方向。〔註26〕船山論氣要在承橫渠之太和而直以氣言體也。至於象山陽明闡發良知之義，則是船山學的根本肯定，若有所不滿，其實是針對王學末流而發。

（三）師承於父兄方嚴之教和湖湘學派

船山跳脫浮動的氣質，結合時代忠義之氣，卒能沈潛於學術之千秋志業，一方面以《春秋》為家學，故強調華夏、夷狄之辨，君子小人之別，並於禮為兢兢。另一方面湖湘學派也是船山的重要淵源。明崇禎十一年（1638），船山二十歲時，曾肄業於湖南岳麓書院，受到湖湘學派的洗禮。船山繼承胡五峰「天理人欲同行而異情」之觀點，〔註27〕例如：

甲、船山曾說：「禮雖純為天理之節文，而必寓於人欲以見，……五峰曰：『天理人欲，同行異情。』韙哉，能合顏、孟之學而一原者，其斯言也夫。」〔註28〕

船山又說：「王道本乎人情，人情者，君子與小人同有之情也。……私欲之中，天理所寓。」〔註29〕

相應地類似胡五峰所說：「凡天命所有而眾人有之者，聖人皆有。人以情為有累也，聖人不去情；人以才為有害也，聖人不病才；人以欲為不善也，聖人不絕欲……」（《知言疑義》）

乙、船山曰：「夫陽主性，陰主形。理自性生，欲以形開。其或冀夫欲盡而理乃孤行，亦似矣。然而天理人欲同行異情。異情者異以變化之幾，同行者同於形色之實，則非彼所能知也。」（《周易外傳》卷一）批判存天理去人欲之說法，不能正視理即於人欲中表現的事實。很明顯地是針對五峰所言，「天理人欲，同體異用，同行異情，進修君子宜深別焉。」（《知言疑義》）作較細膩說明。

張栻的知行觀也直接影響到船山，主張力行，認為行可兼知，批判離行而求知，強調知行相資為用。〔註30〕而其地為南宋朱熹、張栻講學故地，船

〔註26〕參見曾昭旭，《王船山哲學》，頁196～212。
〔註27〕參見本論文第五章第二節。
〔註28〕《船山全書》第六冊《讀四書大全說》卷八，頁910～911。
〔註29〕《船山全書》第八冊，《四書訓義》卷二十六，頁90～91。
〔註30〕同上引書，頁113～114。

山也深受書院經世致用學風和愛國主義傳統的影響，例如胡宏堅拒秦檜召用，寧願隱居衡山，張栻也以主張抗金而聞名。〔註31〕對於船山曾舉兵抗清，晚年並抗拒吳三桂之招請，應有相當作用。

三、船山哲學思想特色

（一）由本貫末

　　船山義理的根本方向是「由本貫末」，〔註32〕此適與其前宋明儒學「由末探本」對反，因從孟子以迄宋明，儒學主流方向在於逆覺體證此心性之本體，欲從變動無恆的現象中，體驗亦內在亦超越的本體，而此學問至陽明、蕺山已臻於大成。以是船山的學術重點乃在於從此道德主體發用以成就具體的道德事業。此即由本貫末，即體致用而全體在用，因此對於道德事業，乃至歷史文化的凝成，別具積極意義。若就傳統文化「六經」而言，獨有「禮」從實事立言，須即事以見理，故即可因立足點之正確，良知大本在中，由本以貫末，禮樂文化的價值乃能被正視，而得以深入掘發其意義。

（二）即氣言體

　　體是現象界一切存有，一切活動的最高根據，體爲根本義、普遍義、全體義，宋明諸儒之言體因屬於逆覺體證的路數，其共同趨向乃是抽象地指點形而上之體（如太極、誠、神、道、中、理、心、性、敬），其工夫則指向於體證或護持此本體。船山則是採取直貫而非逆覺的方向，因體本不離用而立，形而上本即全體滲透在形而下之中，此即船山即氣言體之理由所在。本必須直貫於末，而將末全提挈起來而俱是本。故船山一方面肯定宋明儒逆覺體證之諸義，於言氣之背後有天、誠、神、道、中、理、性、心、仁、敬等義理爲根本，以全盤儒學作根柢，另一方面，船山重言氣，並非只是氣，而是即氣以顯體，著重整體宇宙眞實無妄的存在性，而此宇宙之全體即天，而天即以氣言。

　　船山言理只是一汎指，凡氣化即有理（條理，客觀秩序），不問其善不善、中不中正，對於氣化流行之善而中正者，則特名之曰道（道德秩序），道是理之善者，此氣化之善實凝於人，而特名之曰性。如是氣→理→道→性，四概念有

〔註31〕參見朱漢民，〈六經責我開生面的王夫之〉一文，收於陳谷嘉主編，《岳麓書院名人傳》，湖南大學出版社，1995，頁100～121。
〔註32〕本段義理參酌曾昭旭先生，《王船山哲學》，頁289～321。

其分明之層次，故船山據此以論人性必善，實兼「創造性之心」與「實有之形式」以言其善，此不同於孟子、陽明之單顯心善，伊川、朱子之單顯理善，而是並形色、氣質皆是善，即因心、理、才皆從無不善之天（即氣）而來。

（三）乾坤並建

　　船山力主由本貫末，以提挈天地形色，凡百器物，共與於道德事業之創作，而成美善之人間世，故云「君子之道，盡乎器而已矣。」（《周易外傳·卷五》）心體、理體並非孤懸，而直與形色器物合一，由是遂必然逼出一凝合心理形色合一的實存眞體，而不只是存在於證悟中的虛渺無著之體，此即船山所言之氣。爲宇宙之全體，包含心神理性，存有的無限密藏與無限生化之創造者。且此一實體必發用而暫顯爲乾坤之兩體、陰陽之二用。「乾，陽」是就氣體之活動義或創造原則立名，「坤，陰」是就氣體之存有義或凝成原則立名，二者實皆是氣體之用。故其實乾坤只是概念上的純德，抽象地分解而言，並非眞有此兩體，也非二元論。故船山曰：

> 乾坤並建以統六子，以函五十六卦之大業，唯周易其至矣乎！（《周易外傳》卷五）〔註33〕

乾坤並建即是創生原則與凝成原則並用，如此始能圓成眞實存在之氣體流行，藉以矯正往昔佛、道及儒家心學一派只重創造心體的偏失。

（四）本體與定體

　　氣體既是形上的性，也是存在的量，一方面可有性之下貫，另一方面則有量之分劑。前者爲宋明儒究心所成，而後者至船山始正視而立一氣之體，而可有圓滿解決。個體稟諸天者雖非天之全量，但實仍爲渾然一氣之一端，故亦有宇宙存在之全體爲其背境，個體的表現與全宇宙聲氣相通，同其大中至正與篤實光輝。但此一端之外，雖復是呈現爲宇宙之無窮形色，則可仍不爲我所有、所知，於我而言爲隱者，故曰「陰陽有隱現而無有無」（《周易內傳》卷一）吾人眼前之形色，實爲吾性此無限密藏，刹那密移渾化不已的呈現，顯示宇宙之全體，無處不即個體而全體具在。

　　個體非是形上本體所作用的對象，而直是本體之一端而可直通於全體，因此個體才眞有其超越尊嚴，於有限之存在中，立其無限尊嚴。船山於是對

〔註33〕王船山，《周易外傳》（收于《船山全書》第一冊），長沙，嶽麓書社，1996年，頁990。

此本是一貫，而又可就全體或就現端處分別說之體，立「本體」、「定體」之名。本體即是宇宙渾然一氣之體，定體則是凝爲人之氣質而亦全具宇宙本體之性。由於本體之現端爲一一定體，乃是通過天之生化作用而成者，而一一定體又全具本體之創造性而能起用，並非僵死之物，於是兩體皆有其用，而實亦相一貫。如此本末交與爲體，兩體迴環互抱，乾坤、陰陽、體用之往來變通而體用一如。只是就其凝合處暫說爲體、生化處暫說爲用，故船山即氣以言體用有其圓融義，自本體、定體兩面俱可說體說用，總此而爲船山秉其由本貫末之基本方向而建立氣的本體論。理、道、性、心各有其份位，形色器物亦有其尊嚴，歷史文化之積極意義亦由此可得而說，乃眞足構成一莊嚴富貴，德業日新之圓滿世界。

第三節　王船山禮學的研究進路──兩端一致論

一、兩端一致論是船山著作之詮釋特色

　　本論文意圖採用「兩端一致論」作爲研究之方法進路，係因從上文的敘論過程中，吾人已然可以看出船山詮釋經典的方式採取一種對比辯證的思維模式，例如仁、禮二端，以仁逆顯道德理想，突出孔子傳統；以禮順承歷史文化的業績，表彰周公貢獻。此仁禮二端又互相涵攝彼此，復古與演進兩端之間呈顯一種張力，看似對立，其實又互補相成，烘托出一致的圓融理境。有如大同、小康二者分別象徵理想與現實、微言與大義，實際上卻又是一體之兩面，此即船山所自覺提出的兩端一致論之思維方式、研究進路。兩端一致論見於《老子衍》曰：「天下之變萬，而要歸於兩端，兩端生於一致。」〔註34〕其義在《易內、外傳》及《張子正蒙注》皆多有發揮，並貫穿在極其繁夥之著作中，隨處運用、互相呼應。

　　船山何以命其禮學專書曰《禮記章句》，蓋欲藉由文字訓詁通向義理的疏解詮釋，將朱子爲〈大學〉、〈中庸〉作「章句」之用意，推擴及於《禮記》全書，從各篇章之內涵、題意、文句之中，隨處抉發其深刻義理，無處不有兩端一致論之精神貫注。故其實衡量船山其他著作如《尚書引義》、《老子衍》、《莊子通》、《莊子解》、《詩廣傳》、《周易內傳》、《周易外傳》等諸書，雖各

〔註34〕王船山，《老子衍》，《船山全書》第十三冊，長沙，嶽麓書社，1995年，頁4。

採不同詮釋手法（引義、衍、通、解、廣傳、內傳、外傳……），但都各具特色。此因為每一部經典已有的研究成績並非齊頭並進，而是各有參差，相應地，船山即是根據此個別差異，而予以適當的詮解。在異中求同，皆可從中抉發一「兩端一致論」的一致精神。

　　船山思想中此一特色在民國以來的船山學研究歷程中，早期被以「辯證法思想」及唯物主義來概括，〔註35〕其實此一西方哲學名相並不相應於船山思想，尤其大陸學者至今將船山哲學劃歸唯物論，尤屬突兀。

二、當代學者對船山兩端一致論之相應詮解

　　船山思想特色當以臺灣本地學者曾昭旭、林安梧所提出的「兩端一致論」較為恰當。〔註36〕一來此一用語出自船山著作《老子衍》中，並運用於船山全體學術著作之中，二來因船山思想乃以整個儒學發展作為背境，既是宋明儒學殿軍，又是清初具有啟蒙意義的思想先驅。其學術實際上承接張載太虛即氣之正學，又融鑄程朱理學、陸王心學於一爐，可謂兼顧知行、心物、體用、理氣等兩端而一致之面向，豈可以唯物主義的框架去牢籠船山思想。

　　根據曾昭旭先生的看法，兩端一致論應涉及「生命之體驗實踐」與「典籍之詮釋方式」二大領域，二者之間互相滲透，圓成一體。而兩者又各依一兩端一致的原理來進行。前者屬生命體驗領域，包括本體宇宙論意義（乾坤並建），及工夫論意義（性情通貫）的兩端一致論，後者屬言說詮釋領域，包括教化意義（泛濫百家、歸宗六經）及學術意義（通過歷史發展判斷，通過氣化觀念說義理）的兩端一致論。言說所以啟導實踐，實踐所以豐富義蘊，發為言語，詮釋其所行，彼此發明相融，突顯人道實踐之莊嚴意義。

　　約其大義，分而言之：

甲、就本體宇宙論層次而言

　　通過生命之開展實證其存在的過程，稱為「由體生用」，就本體處雖是已

〔註35〕 參見蕭萐父《王船山辯證法思想引論》，湖北人民出版社，1984年，及嵇文甫，《王船山學術論叢》，臺北，谷風，1987年翻印版，頁47～57。有一專章為〈王船山的唯物主義思想及其唯心主義的雜質〉。此一論點早被大陸學者當做共識在運用。

〔註36〕 詳見曾昭旭〈王船山兩端一致論衍義〉，鵝湖月刊第241期，頁9～12；及林安梧《中國近現代思想觀念史論》論及王夫之思想部分。臺灣學生書局，1995年，頁15～21。

有的開發而並無增加，就現象處說卻是由無而有、由少而多的日新富有，可迴說「用而還成其體」，故體用本末不二，此爲純屬虛說而實無兩端互動之事實的純形式的兩端一致論。此船山說「乾坤並建而捷立」，即以太極爲眞實具體存在的宇宙生命體，以卦之方式來象徵，便是由六陽六陰的十二爻所構成的完整卦體涵其二德，直貫地發用創生來說「乾」，架構地累積成體說「坤」，乾坤實爲一完整卦體互爲顯隱之兩面，象徵生命之純德。其他六十二卦，都足具六陽六陰十二爻而顯其六爻爲現象（稱爲「定體」），象徵本體發用開展的諸般現象，故生命的每一個當下都是正、無妄、完整，此即稱爲「捷立」，自天道言皆無妄，自人而言才見爲妄。

乙、工夫論意義的兩端一致論

則是自辯證歷程而言，現實的生命體，總會因過錯而自我迷失、自我破裂而形成眞與妄的對立。須經由一番自我修養工夫以恢復統整。整全的生命發用便須暫裂爲兩端，以求其互動融合，一體化爲二用，二用之間互爲體用。其一端是結構性的身體（物、氣質、情），其另一端是作用性的心靈（心、性），於此便發生心與物、性與情的互動而有性情通貫（正心誠意之交修）、心物通貫（格物致知之相濟）的工夫。一方面氣質以存在事實義名爲體，以心靈之創生功能義名爲用；另一方面心靈之價值根源義名爲體，氣質以被疏通善化的功效義而名爲用，二者乃交互作用，而恢復其即事實即價值的整全本體，即所謂一致。

丙、教化意義的兩端一致論

肯定經典所用語言是一無限開放的系統都須在不斷地兩端互動中開展其意義，經典與詮釋者互相發明，我因六經之啓發開悟，六經也因我之實踐更開生面，一方面孔孟以下賢哲人人說心說性，是同此大文化體的一度度自我展開，另一方面，歷代聖賢詮釋此心性觀念而有日益豐富的義涵，個人之詮釋須返求六經熨貼無間，通貫天人、古今，才算是一家之言。故古來眞儒必須有泛濫百家，歸宗六經，或出入佛老，折中孔子的心路歷程。因此船山遍注群經的方式，即涵有一種假說經典與我，而兩端實相即爲一體的兩端一致論，存在其間。

丁、學術意義的兩端一致論

相應於工夫論層次的兩端一致論，落於言說上是一種對比辯證的思維方式，須深入到生命內部去自我省察生命在眞妄兩端的猶疑擺盪，從道心與人心的互藏交發，仁義禮智與喜怒哀樂的同原互著中，逐漸使生命之道也能有

通過人間曲折而呈顯的面貌，轉爲通過歷史發展之事勢，去曲折地說明眞理配合不同現實條件而呈顯的型態，而這已是複雜的歷史判斷了。若以此比較船山與朱子、陽明的著述立言，則船山主要是通過「氣化」的觀念說義理，隨機而有不同方向不同程度的引申，顯得博大精深，活潑多變。

綜上所述，曾昭旭先生又認爲船山兩端而一致的方法論，與純作概念分析的著作不同，係因同時要選擇相對的兩面，來分別進行精當的分析，然後在兩端的對照中自然烘托、照顯出一不可說的整全境界，此可避免進行概念思考時，有所彰顯即同時不免有所遮蔽之缺點，而獲得相反相成的效果。

至於林安梧先生則認爲：船山的「道器合一論」隱含一套極爲特殊的方法論，一方面就發生學的思考角度而言，形器是首出的，另一方面從存有學的思考角度而言，形上之道是先在的，發生學及存有學的兩個向度，通過一種「兩端一致」的方法凝合爲一，這種「兩端而一致」的對比辯證思維模式通貫了整個船山學。故船山一方面強調通過歷史來彰顯人性，詮釋人性，另一方面則強調通過人性來理解歷史、詮釋歷史，他建立了一套歷史的人性學，同時也建立一套人性史的哲學。故船山對於「天命之性」，擺脫性成命定之說，也邁出心性先驗說的藩籬，將「天命之性」視爲一長遠無休止的歷程，人能在歷史中經由文化的陶養，鑄成自具風格的人性，積極參與歷史的締造，精確地注意到「形式性原則」必得經由「材質性原則」的展開與鍛鍊。

據此，船山又以「公理」與「私欲」對比，反對「存天理，去人欲」的片面說法，強調「天下之公欲即理也」，而主張「理欲合一論」。這點吻合他在天道論上所主張的「理氣合一論」，不說形而上之理要掛搭在形下之器上展開，而是淨化了「氣」，將「氣」提升到「本體」的地位。此外，人性並非空泛地去論人的本質，須得落實於族群之中開展，以貞一之理的人性作爲根源，使船山論歷史能落實到社會歷史領域申說，又能調適上遂，通極於道，從事的相續動向上說勢，使貞一之理的人性能具體實踐，而人性與歷史的辯證乃構成「理勢合一論」。

簡言之，在「道器合一論」的統括下，（1）理氣合一論隱含一套自然史的哲學；（2）理欲合一論隱含著一套歷史的人性學；（3）理勢合一論隱含著一套人性史的哲學。

要言之，船山哲學「兩端一致論」的研究方法，是最能代表船山哲學特色的辯證思維模式，此係由船山首先自覺提出，一方面是往上融鑄先秦原始

儒家論孟易庸等代表性著作的思理精粹,另一方面,向下又可貫串船山全部哲學著作,提綱挈領,令其思理井然。析言之,較具代表性的觀念範疇有:乾坤並建的本體論、道器相須的現象觀、理氣一元的宇宙論、性情通貫的人性論、理勢相成的歷史觀、仁禮互涵的文化觀等。

三、兩端一致論在禮學上的應用——道器合一論

(一)器道相須,體用互成

據上所論,船山的兩端一致論,或說道器合一論是貫穿船山全部著作的基本精神,吾人即可在《禮記章句》書中得到印證。除了仁禮二端互動相涵的歷史文化觀點,船山也主張道器合一的觀點,尤其在〈禮器〉篇中有所發揮,足以發人深思,一方面是明代中葉以後重「氣」的思想趨勢,及經世致用的時代風氣有以刺激、影響。其實,另一方面主要是因對天道論即氣言體的基本取向不同所致。與清初諸儒相較,船山的道器觀點顯得深刻而獨特,若恪就《禮記》一書而言,船山特重〈禮運〉、〈禮器〉二篇文字相爲表裡,互成體用的關係。船山評論〈禮器〉時,篇首有一前序曰:

> 形而上者道也,禮之本也;形而下者器也,道之撰也。禮所爲即事物而著其典,則以各適其用也。(《禮記章句‧禮器》,頁579)

道須藉器表現於形下世間,器又須藉道作爲形上根據,道與器彼此相須相成,一體呈顯。而從此段文字中,尤足以看出禮的特質,與其他《五經》相較,偏重就「事」立言,而不是就「理」言。凡禮之所言,必須不離文化中各層面,如政治、經濟、倫理、宗教、教育……等,而有所表現。而且禮文、禮制、禮節、禮儀、禮貌等,則無一不是在尋常日用之間,人須據以行事之儀則規範,然而這些禮節儀文卻都不能只是限於日常行事之中,又須有其內在的德性良知爲本,才不致於凝滯僵化。此係根據《易傳》「形而上者謂之道,形而下者謂之器。」作爲指導原則,禮作爲有形之器,乃是道在形下世間的具體表象,實際的展現,恪就尋常日用存在事物而呈顯道的法則、典要。此仍是「體用」範疇下的一種表相。例如船山於〈禮器‧十八章〉「君子慎其所以與人者」注曰:

> 與,示也。制禮作樂,皆以示天下後世者也。禮樂之有聲容,器也,而爲道之所顯。故盡其道必備其器,器不備則道隱,而德亦因之不立矣。(《禮記章句‧禮器》,頁611)

強調禮器的示範、示現作用,若不藉由禮器承載、傳達,道將如何呈顯,當

政者思欲神道設教，乃不得不正視禮器的表顯功能，否則其德意將無以引導凡民共同參與於政教文化的創造。要之，〈禮器〉所言，是恪就大道流行於現實世間、日用尋常之際，條文儀節制度器物的具體表現，屬於形而下之器。另一方面，〈禮運〉所言則是歷史文化生命在實踐過程中，流貫其間永恆不變的「禮意」，並不會受到外在禮文因革損益之影響，此因禮意之內涵即是天理良知、仁義忠信，蘊藏在禮文背後之精神價值。故船山又評〈禮器〉曰：

> 此篇詳論禮制之品節盡人情而合天理者，一因於道之固然，而非故
> 爲之損益，與〈禮運〉一篇相爲表裏，蓋一家之言也。(《禮記章句・
> 禮器》，頁 579)

論及〈禮器〉的思想特質是上承〈禮運〉所言，禮制之品節是「盡人情而合天理」者，都有形上之道作爲根源，一本大公，而非可隨意損益調整。故應仍是同一作者或家派所作，二文義理實相融貫一致。船山又曰：

> 運之者體也，而用行焉；成乎器者用也，而要以用其體。張子曰：「禮
> 器者藏諸身，用無不利，修性而非小成者與。」其說是已。(《禮記
> 章句・禮器》，頁 579)

〈禮運〉及〈禮器〉二文互爲體用，相爲表裏。因爲禮之所以運行於歷史文化中的動力是「禮意」，禮意實指人類之良知美意，由此以創制禮器，呈現爲具體的品節制度、事物典則。合言之，禮運爲體，禮器爲用，體用互行，蓋用者用其體，體者用之體，二者一內一外，密不可分。而張載所言係依據《易傳》「顯諸仁，藏諸用」，來表達仁、禮互涵之義。禮之運用須根據仁心，且落實在人自身之日常儀行中表現，藉助對器物的認識及運用，都有修身養性的功能蘊藏於其間。

（二）本之以德，器乃大備

上述道器合一之義理落實以觀〈禮器〉首章所言：「禮器是故大備。大備，盛德也。」則著重說明禮器之繁興大用，仍原本於人心之盛德。船山評曰：

> 此章總言禮器之所自備而本之以德，蓋一篇之綱領也。(《禮記章句・
> 禮器》，頁 579)

頗爲推重此章義旨，視爲全文綱領，其中應包括二重點：一是作爲末用之「器」的完備，二是「盛德」作爲禮之根源。關於前者，船山續曰：

> 器有大有小，有精有粗，有厚有薄，有貴有賤，各順其則，以成萬

物之能而利生人之用，故合以成章而大備焉。(《禮記章句·禮器》)
認爲器物儀文具有各種不同樣態，廣大悉備，皆能各順其物理，呈顯效能，提供人文化成的功用，可謂煥然成章，備具眾美。此亦「藏諸用」之義。關於後者，船山又曰：

其所以能備眾善，而大小相容，精粗相益，厚薄相資，貴賤相治而
不相悖害者，皆原於德之盛也。(《禮記章句·禮器》，頁579)

此就其所以然者立言，器物雖繁多美備，而能以簡御繁，端在良知心體之妙用。文中認爲萬物之所以能交流並育，相容相益，相資相治，都根源於內蘊道德之充沛，此乃「顯諸仁」之義。合言之則如《易·繫辭上·第五章》所言「富有之謂大業，日新之謂盛德」。

　　綜上二段「顯諸仁，藏諸用」之內涵，可看出仍是船山兩端一致論之思理，及仁、禮互涵的根本架構。船山對於「形下之器」的各種相貌物態及其相互關係，固有極精當詳盡的說明，而兼容並蓄，予以全盤肯定，蓋「物」之運用者，端在得「其人以用之」，關鍵在於「有德之人」，以「德」爲用，故善於發揮物之各種面貌，亦即前序所言「即事物而著其典，則以各適其用也。」(序文) 無論大小、精粗、厚薄、貴賤，對任何器物也固當一一肯定其價值之善也。若就理論體系而言，《禮記》全書都是以〈大學〉、〈中庸〉二文爲體，而全書爲二文之大用流行。故〈禮器〉一文亦當以〈中庸〉所言致中和、愼獨之工夫，作爲其言「德」之根本。

　　船山注〈禮器·第二章〉：「禮釋回增美質，措則正，施則行。」之文曰：

禮原天理之至正爲喜怒哀樂之節，所以閑邪而增長其才之善者，以
之立身而應物，無不得也。(《禮記章句·禮器》，頁580)

文中理論之指導原則仍是中庸「天命之謂性」及「致中和」之道：「喜怒哀樂之未發，謂之中，發而皆中節，謂之和。」禮兼有消極的防閑以除邪辟惡習的作用，也有積極的增長善性之才質的善端，內以修身正心，外以應物格物的作用。並不託諸空言，而是落實於日用尋常生活中，心、意、知、物交接之際。其中理論也肯定孟子情才之善。

　　禮又兼有內外交養之義。如〈禮器〉曰：

其在人也，如竹箭之有筠也，如松柏之有心也。二者居天下之大端
矣，故貫四時而不改柯易葉。(《禮記章句·禮器》)

船山注云：

天下之物莫不有自然之秩敘以成材而利用，天之禮也。天以是生人
而命之爲性，則禮在性中而生乎人之心矣。竹箭有筠，是以內固；
松柏有心，是以外榮。內外交養之道，天之所以化育萬物，人之所
以修德凝道，皆此而已矣。禮行乎表，而威儀即以定命；禮謹於內，
而莊敬成乎節文。暢於四肢，發於事業，歷乎變而不失，則唯禮以
爲之幹也。（《禮記章句・禮器》，頁 580）

因此禮之作用乃是人性本具，原於天理（自然的秩序），爲正常人生應有之儀
節及該守之軌範，從容中道，自然合節，並無絲毫勉強之處。此工夫及境界，
唯孟子所言盡心知性知天之義庶幾近之。

　　禮的作用兼能「內固」「外榮」作爲人立身處世的骨幹，所謂「內固」即謂
修養深造有得者，內在的莊敬之心自然發而爲聲律合度的儀行。所謂「外榮」，
則謂外在言行表現的威儀，正可衡定人的道德生命。此蓋孟子思想的印證，「睟
然見於面，盎於背，施於四體，四體不言而喻」（《孟子・盡心上》）之意。

（三）忠信，禮之本；義理，禮之文

　　以上所論側重於君子的德養，下文則推擴於政治層面，說明先王制禮的
大原則。（禮器）曰：

先王之立禮也，有本有文。忠信，禮之本也；義理，禮之文也。無
本不立，無文不行。（《禮記章句・禮器》）

船山注曰：

立，猶制也，本藏於中，文著於事，凡文皆有本，而載本以成乎文
也。（《禮記章句・禮器》，頁 581）

意即制作禮文固有其外在具體的儀文制度，以供遵行實踐，背後實有內在無
形的精神動源作爲依據，此內在依據之「仁」與外在事行之「禮」，兩者兼備，
才是與時俱新而完整的禮。而此內外仁禮二端，析其原則，也可說爲「忠信」
和「義理」。至於何謂忠信義理？船山又曰：

本心固有曰忠，用情不疑曰信，處事得宜曰義，因物不逆曰理。固
有其情而無所疑，則發之於外，事皆得宜而物理順矣。非己所固有
而不信於心，則雖外託物理，而持之也不固。既固有而信諸心矣，
苟不度事物之當然，使內外合符而不爽，則亦不足以達其忠信也。
文皆載本而本必盡文，故禮器由是大備，蓋亦上章內外交善之意。

（《禮記章句・禮器》，頁 581～2）

文意約可分爲三段，首先對忠信義理四字各別定義，剖析精詳，其中「忠信」之意，實即是〈中庸〉首章所言「中和」之意：「喜怒哀樂之未發謂之中，發而皆中節謂之和，致中和，天地位焉，萬物育焉。」有忠信爲本，則可說是有諸中而形諸外。其次，說明「忠信、義理」有外無內，或有內無外，只偏重一端而忽視另一端，則禮器的深意就無法完呈顯。必須內外兩端交互作用，才能達到至善的境界。可見「仁、禮」兩端，或說「道、器」兩端不可偏廢，內以忠信作爲禮的基本精神，外以義理作爲儀文實踐的客觀原則。兩端互動相涵，才能一致地達成完美境界。上述爲〈禮器〉第三章，船山總結曰：

> 此二章承第一章而言君子秉禮以修己，先王制禮以治人，皆原本於
> 內外交盡之盛德，而器非虛設。自下章以後二十章，乃詳著其節目，
> 以終第一章『大備』之義。（《禮記章句・禮器》，頁 582）

船山認爲〈禮器〉一文共計二十三章，前三章奠定理論根基，後二十章則是理論之具體舖陳。「德、器」二端亦猶「仁、禮」二端之意，如《易傳》所云：「富有之謂大業，日新之謂盛德，盛德大業至矣哉！」亦如〈大學〉之綱領所言「明明德」與「新民」之爲一體兩面，合以達致至善之境地。其中可見儒學經典所蘊藏之思想實相融貫。仁心性情能順時度勢、日新又新，禮器聲容自能充盡發揚、富有篤實。

〈禮器〉於說明禮在君子修身與先王治政二方面的效用之後，又對禮在自然世界與人文世界二者的關聯上有所論述：

> 禮也者，合於天時，設於地財，順於鬼神，合於人心，理萬物者也。
> 是故天時有生也，地理有宜也，人官有能也，物曲有利也。（《禮記
> 章句・禮器》）

此義蓋順《易傳》作一宇宙論式的陳述，使吾人了解禮在人文器用的全體大用。船山注曰：

> 順天之生，協地之宜，盡人之能，用物之利，不吝其所得爲，不強
> 其所不能，以體義理而達忠信，則幽可順於鬼神，明可合於人心矣。
> 此禮器之所由備也。（《禮記章句・禮器》，頁 582）

從自然、政治、宗教三者之互動融合，說明禮的建立與執行的關鍵唯在「人能弘道」，人居於天地之間，秉受「知」、「能」二德，觀察天地之法象，認知萬物之結構，自可正德、利用、厚生，成就一番道德事業。而綜其所爲，皆

可涵括在「禮」的名號之下，溝通天人上下，內外群己。〈禮器〉又舉三段文字，說明本段文義。茲分述之。

1. 〈禮器〉曰：「故天不生，地不養，君子不以為禮，鬼神弗饗也。」
   船山注曰：

   > 天施陽精故曰生，地篤滋陰故曰養。非時而生，陰陽之變，非天德也。不於其地而長，人爲所強，非地道也。非君子之所用，亦知鬼神之不饗矣。鬼神者，天地之貞氣，君子以天地之貞爲正也。（《禮記章句・禮器》，頁582）

   強調自然與人文兩相協調，才能正確呈顯宗教意識中天人幽明二界交通相得的意義。因此在執行禮時，須合乎天道、順應人情，若違背天道常理，則祭禮態度即不誠，鬼神不肯饗用。

2. 〈禮器〉曰：「居山以魚鱉為禮，居澤以鹿豕為禮，君子謂之不知禮。」
   船山注曰：

   > 爲禮，相贈遺也。財不設以其地，則雖己所見異，而非蓄之於其誠。義理之差，忠信之薄也。因是而推之，合於天道者斯合於人心，無二致矣。（《禮記章句・禮器》，頁583）

   用內在仁心之「忠信」與外在禮文之「義理」對比說明，人間饋贈時，於選擇禮物之差誤，係緣由於誠心之不足，未能體察天道、人心實爲一體之兩面。禮物只是人間情意交流的媒介，能通達彼此善意即可，若以奢侈昂貴爲標準，成爲各自經濟負擔，易致怨怒，反失禮意。

3. 〈禮器〉曰：

   > 故必舉其定國之數以爲禮之大經，禮之大倫以地廣狹，禮之薄厚與年之上下。是故年雖大殺，眾不匡懼，則上之制禮也節矣。（《禮記章句・禮器》）

   船山注曰：

   > 「定國」，謂因提封之大小，酌年歲之凶豐以爲中也。「禮」，謂喪祭賓軍之紀。「倫」，常也。「殺」，減也，謂歲凶所入減也。「匡」，與「恇」同，憂而擾也。禮有制，用有恒，人心素定而不以不足爲憂，則雖有所減損而終不廢禮，蓋順天地民物之數以爲大常，義理得而忠信不匱也。（《禮記章句・禮器》，頁583）

土地大小收成多寡，是決定禮的層級與用度豐儉的主要因素。從自然的客觀條件與人心的主觀感受兩方面的協調統一，來衡量五禮執行時之排場，才是內外交善，上下相安的保證。故凶年時雖相應地將禮物減損，其實仍不妨礙禮意的表達，也未消減祭祀的眞誠敬意，倘若執政者能有此體認，政治當可步上正軌。

綜合上述三段文字，可以印證忠信、義理兩者之相涵互成，如同「仁、禮」、「道、器」、「德、業」、「本、文」等皆是船山「兩端一致論」方法的實際運用。

（四）制禮之道——時、順、體、宜、稱

〈禮器〉又順上文之義論述制禮的原則，曰：

> 禮，時爲大，順次之，體次之，宜次之，稱次之。

船山注曰：

> 禮，謂制禮之道。時，乘天之時也。順，因地之經也。體，以心體而知之也。宜，緣情事之必然而起義也。稱，量其所可爲與其所得爲也。時者，創非常之原，故尤爲重大。稱，因乎在己之分，審量易知，故最爲次。然五者因事各當，皆求其稱，亦非有先後緩急之差也。（《禮記章句・禮器》，頁583～4）

簡言之，「時」爲順應自然之理勢，「順」爲根據天生的倫常秩序，「體」爲憑依人的心理感受，「宜」爲依據人情事理之必然，「稱」爲衡量各人才力大小。綜括此五項制禮原則，各有其不同的時機事行須加以因應，皆頗重要。唯應「時」要即體起用，當機權衡，最不易做到。〈禮器〉文中則逐項予以探討。以下即依時、順、體、宜、稱五者順序加以說明：

1. 「時」之義——

〈禮器〉曰：「堯授舜，舜授禹，湯放桀，武王伐紂，時也。」

船山注曰：

> 理勢之自然，各適其時而已。故先王制禮，因、革、損、益，應天以順人而無所讓也。（《禮記章句・禮器》，頁584）

本章說明政權的轉移方式，或是禪讓，或是革命，須視歷史時勢、天理人心之現實條件因時制宜。此義應是根據孟子所言，舜、禹之得政權係天與人歸；

而湯武革命乃順天應人，並非「弒君」，而是「誅一夫紂」之意。〔註37〕

2. 「順」之義——

〈禮器〉曰：「天地之祭，宗廟之事，父子之道，君道之義，倫也。」

前文說「順」而此處說「倫」，可藉此釐定其義。此係依據天人上下、長幼尊卑以訂定禮儀之意。故可稱之為天生的倫常秩序，莊子曾謂：「天下有大戒二，其一義也，其一命也。子之愛親，命也，不可解於心；臣之事君，義也，無適而非君也，無所逃於天地之間。」〔註38〕可見不僅儒家，連道家也肯定人間的倫常秩序，乃屬天綱無可避矣。於此船山注曰：

> 幽則有天地宗廟，明則有父子君臣，尊親之不容已，皆順天經以立
> 人之大倫而為禮之大綱也。（《禮記章句‧禮器》，頁584）

可見〈禮器〉所書較莊子更進一層，莊子只是消極地就人事之不得已，慨乎言之，〈禮器〉則自人倫綱常之必然，兼及宗教意識特重溝通幽明二面，通貫古往今來，綜合人類歷史人文發展而說。

3. 「體」之義——

〈禮器〉曰：「社稷山川之事，鬼神之祭，體也。」

此恪就人的心理感受、體驗，以論立禮原則。船山注曰：

> 鬼，人鬼，古帝先賢之類。神，天神，星辰風雨之類。天神地祇固
> 無形體，人鬼亦已無體，而因人心體之，則有其舉之而不可廢，所
> 謂幽明一理也。（《禮記章句‧禮器》，頁585）

依孔子所言，人對鬼神的態度應該「務民之義，祭鬼神而遠之」（雍也），及抱持真誠與敬意，故說「祭如在，祭神如神在」（八佾），平日不宜多談。不過就貴族階層而言，祭祀乃國之大事，為職責所在，故須嚴肅莊敬以事之，用心加以體驗，借收神道設教之效，故船山亦認為鬼神雖無形體，但人間實有對其祭祀感恩的儀節行為，那麼用心體察鬼神的存在確是必要的，藉以感格幽明溝通無形與有形的不同界域，了知天人幽明之間是無有界限的。

4. 「宜」之義——

〈禮器〉曰：「喪祭之用，賓客之交，義也。」

〔註37〕見《孟子‧萬章上》、《孟子‧梁惠王下》。
〔註38〕《莊子‧人間世》

船山注曰：

> 有其事則必有其情，有其情則必盡其事，心以之愜而事以之成也。

（《禮記章句·禮器》，頁 585）

在儀式過程中所表達的情感，及執行此事行時的耗費及負擔皆須恰到好處。使相關人員藉此吉禮、嘉禮都能得到滿足或慰藉。若是僭禮虛飾或鋪張浪費，反而失去禮意，故孔子也說：「禮與其奢也寧儉，喪與其易也寧戚。」（八佾）即是此意。

5. 「稱」之義——

〈禮器〉曰：「羔豚而祭，百官具足，大牢而祭，不必有餘，此之謂稱也。」

船山注曰：

> 羔豚，少牢。百官，助祭之有司。足而無餘者，人各有俎，而骨體膚肉因牲之大小爲豐殺，此謂稱其財力之可爲以酌其豐儉也。（《禮記章句·禮器》，頁 585）

助祭者分得的祭肉各稱其分位，平均分配，沒有多餘。表示祭品的準備，既相應禮儀層次高下，祭品有多寡之分，同時也衡量各人財力多寡，而助祭者都可分得到適量的祭肉。

綜合上文所闡述，可以看出〈禮器〉篇內涵是「道器合一論」的具體例證。一是君子德養講求文質彬彬，莊敬之心與容色威儀，分屬內榮、外固，必須一體呈現。二是政治層面也須兼重「忠信爲禮之本」及「義理爲禮之文」這兩個層面的整體運作。而「時、順、體、宜、稱」這五項制禮原則，是禮文落實到現實政治層面，符應天理、人情，融合理想與現實的恰當展現。

第二章 《禮記章句》的理論架構與方法進路

　　本章內容係針對船山禮學的文本作探討。《禮記章句》〔註 1〕係就《小戴禮記》一書依經作注，所以在第一節中首先點明《小戴禮記》的價值地位，在於匯集先秦儒家學派的思想創見，闡揚了孔子政治理想的微言大義是「大同小康」，歷史文化的終極關懷是「復性立人極」。

　　第二節並依《禮記章句・序》說明船山創作該書所用的方法進路是兩端一致論，例如仁、禮二端互為體用，《三禮》之間區分始制、修行，且互為本體、定體。第三節則說明船山何以採取章句這種注疏體裁，係從訓詁、字義、章解句釋的考據工作為基礎，通向義理的詮釋，當為目前禮學研究中能通貫全局較為優秀的方法。

第一節　王船山《禮記章句》對《小戴禮記》的繼承與詮釋

　　船山禮學的重要著作以《禮記章句》為代表，此書恪就《小戴禮記》為研究範圍，採依經作注的方式，此外船山並未對《周禮》、《儀禮》作注解或論述，只在《禮記章句》中牽涉到《周禮》、《儀禮》相關理論時予以闡述、比較。一方面是因此書由本貫末，立體以達用，於孔門思想已有足夠的代表

〔註 1〕　本論文所使用王船山禮學文本均據：王船山，《禮記章句》（收于《船山全書》第四冊），長沙，嶽麓書社，1991 年。凡所引文，隨文註明原書頁次，不再另行作註。

性，另一方面則是船山的身世背境在於政權交替、異族入侵、隱居逃難之際，心力艱難，時不我予，乃姑以《小戴禮記》爲基礎加以注解，藉以串釋義理，發揮思想，而靜待後世有志者繼起發揚。

一、《小戴禮記》的內容特色

（一）孔子迄西漢初儒門學派之思想匯集

《小戴禮記》是一部豐富的寶藏，〔註2〕尤其先秦至西漢數百年間，除了孔子、孟子、荀子諸大儒有思想專著流傳之外，其他諸多儒門弟子的思想，照理說也應有大量的著述，生動具體地從日常生活禮儀言行中，或從時代政治社會倫理的巨大變動中，提出建言及反省之作。這些資料大多留存於《禮記》一書中，雖有大戴、小戴所編集的兩種版本，但因東漢末年大儒鄭玄只爲《小戴禮記》作注解，〔註3〕唐代孔穎達接著爲此書作《疏》，《大戴禮記》則任其自生自滅，故至清代以前學者乃不得不以《小戴禮記》作爲探討核心，不過，《大戴禮記》之價值地位其實是同等重要，其散佚殘缺，實在令人深感遺憾。《小戴禮記》大約完成於西漢初期，至東漢馬融、鄭玄皆有修補整理，過程已難以詳考。〔註4〕其內容龐雜繁富，總括了先秦儒學數百年有關禮的研究成果，上承孔子仁學的奠基及七十子後學的發揚，中經孟子以仁義內在、心氣並尊，撐開義理綱維，及荀子對外王事業、禮義文理的落實於政治社會，下逮西漢大一統之後，儒者對理想政治藍圖的規劃。全書的完成時

〔註2〕 徐復觀先生說：「從《大小戴記》看，孔門對禮的傳承、研究，較其他經爲特盛，時間亦特長。《大小戴記》中有的是出於漢初儒者之手，但也是有所傳承。兩記，尤其是小戴的《禮記》，內容豐富，可以說直到現在，還是一座未被開發的寶藏。」徐復觀，《中國經學史的基礎》。臺北：學生書局，1982年初版，頁19。

〔註3〕 周何先生認爲《禮記》之成書可分（一）附經而作，（二）單獨成篇，（三）匯編成書，（四）鄭注之後始有定本。共計四階段，第三階段中提到西漢禮經博士有后倉、戴德、戴聖及慶普，各自名家，於學宮中所講授者亦必各依操選政之己見而爲之，各家所謂《禮記》，遂以各自選刪而有彼此不同的傳本，故知今傳大戴、小戴記禮，不過當時兩家傳本而已。第四階段說明鄭玄爲《小戴禮記》作注始有定本。其詳參見：周何，《禮學概論》。臺北：三民書局，1998年初版，頁112～115。

〔註4〕 任繼愈書說：「從思想史的角度來看，重要的問題不在於弄清《大小戴禮記》如何編纂，而在於確定他們所依據的古本的著作年代。」參見任繼愈，《中國哲學發展史：秦漢》。北京：人民出版社，1985年，頁161～163。文中對禮記的內容、作者均有說明。

期應該是在董仲舒獨尊儒術之前，〔註5〕漢初七十年的儒家學者在暴秦及楚漢相爭之後，動亂初定之時，對理想攻治藍圖及現實政治制度，與夫社會倫理等新秩序的設計安排。〔註6〕

　　因而此書一方面是儒學根本義理的奠基、發皇以迄完成，另一方面，也是儒學面對諸子學派的挑戰，並扣緊時代的脈動、政權的更迭、政體的轉變，在學理上及制度面所作出的恰當回應及解答。綜言之，全書之中有形上義理、政治理想、政治制度、生活禮儀、新舊禮儀文制的變異……等。或說包含有禮義、禮文、禮制、禮器、禮容等各種樣貌，是以其地位及價值甚高，早經歷代學者所肯定。要言之，也可說只是思想通論及禮樂制度（宗法制度）兩大類別。〔註7〕即前節所述「禮意」與「禮文」，或說「仁」與「禮」二大端而已。其中以前者最足以代表孔門心傳之仁教思想爲根本，因此歷來最重視的篇章，除〈大學〉、〈中庸〉之外，則是〈禮運〉、〈儒行〉、〈學記〉、〈樂記〉、〈表記〉、〈哀公問〉、〈曲禮〉、〈王制〉等篇。船山對此諸篇之評論較爲詳備，至於書中其他以禮儀文制爲主的篇章，當然只需章解句釋，順通文義，略作評論即可。

（二）文章常由孔子及數代弟子共同接續完成

　　其中又有一問題，《禮記》的作者群涵蓋不同世代，甚至同一篇文章亦由數代人接續完成，這是因爲傳統中國哲人並不重視個人學術創見是否凌駕前

〔註5〕　《小戴禮記》的成書年代雖定於西漢初七十年間，其實內容大多數早已完成於先秦之孔門七十弟子及其後學。最有利的證據，例如：彭林〈郭店楚簡與禮記的年代〉一文，即根據最新出土楚墓中考古資料，推定《禮記》中的〈緇衣〉、〈中庸〉、〈表記〉、〈坊記〉、〈樂記〉等篇至遲應爲戰國中期作品。而〈孔子閒居〉、〈明堂位〉、〈文王世子〉、〈內則〉、〈曲禮〉、〈王制〉、〈少儀〉諸篇也應是先秦作品。詳見《郭店簡與儒學研究》，中國哲學第二十一輯，遼寧教育出版社，2000年1月，頁41～59。

〔註6〕　參見任繼愈先生所說：「漢初的這七十年，是先秦儒學轉化爲董仲舒儒學的一個重要的過渡環節。雖然沒有產生著名的儒學大師，但是綜觀《禮記》各篇的論述，可以看出形成了一股強大的思潮，這股思潮承接先秦儒學的傳統，爲董仲舒的儒學開闢道路，深刻地反映了漢初重建封建大一統帝國的客觀歷史進程。……大體上把《禮記》全書看作是表現了漢初封建宗法主義思潮的一部論文匯集。」收錄於任繼愈編，《中國哲學展史·秦漢》。北京：人民出版社，1985年一版，頁165。

〔註7〕　同前引註，任繼愈書說：「關於《禮記》的內容，劉向《別錄》曾經分爲十類，即制度、通論，明堂陰陽，樂記，喪服、世子法、祭祀、子法、吉禮、吉事。……就劉向分類的標準來看，通論和〈樂記〉兩項是關於禮樂的一般理論，其他八項都可以歸屬於禮樂制度。大體上，《禮記》全書的內容就包括這兩大類。」

賢，卻重視歷史文化的傳承，並肩負對時代的使命感，尤能在暗晦否塞之時代，獨抱孤明，守先待後，也因此常將研究成果推原在前賢身上，致使《禮記》一書作者常有多種說法，如唐君毅先生說：

> 諸篇自是孔門之書，唯諸篇之義，其畢竟有多少出于孔子，多少出于孔門弟子之何人：或七十子後學之何人，皆不可考，而亦不須細考。蓋儒家之學本重承先啓後。觀《禮記》之文，就其根本義而觀，說其皆孔子所傳，原未嘗不可。而孔子之言，弟子承之，其更有發揮者，一一皆歸於孔子之所言，亦未嘗不可。〔註8〕

例如《大學》作者是誰有多種說法，如朱子說：「《大學》之經一章，蓋孔子之言，而曾子述之，其傳十章，則曾子之意而門人記之。」〔註9〕將全篇分成十一章，又分經、傳兩部分，從朱子說法可見〈大學〉的作者牽涉到孔子、曾子、子思等三代的師承，說其中任一人是大學作者，似乎都有理可說，況且實際上是否如朱子所言，也無法判定。

　　同理，《禮記》其他篇文章，也是經由精神理想前後相承的數代弟子相繼完成，而代代皆有增補引伸發揮，時代久遠之後，已無法區分那些話究竟何人所說，予以一一實指，而只見一精神生命之相續流衍，及價值理想的薪傳歷程。此即因其間有原始理論的指點提出，及經過及門弟子紀錄文字，演繹思想以及後代弟子順應時代變化而有的實證及活用，而總將研究成果歸功於前賢，常常未予一一申明。

二、船山論《小戴禮記》的來歷及其價值所在

（一）戴聖述其師傳

　　在《禮記章句・卷一》篇首，船山有段文字開宗明義地說明《小戴禮記》編者、作者以及全書之宗旨。茲分三點說明，首先，他說：

> 《禮記》者，漢戴氏聖述所傳於師；備五禮之節文而爲之記也。《周禮》、《儀禮》，古禮經也。戴氏述其所傳，不敢自附於經，而爲之記，若《儀禮》之記，列於經後以發明之焉。（《禮記章句・卷一》，頁11）

說明今本《禮記》的編者戴聖，採用「述而不作」的態度記述師門所傳承下來的儒家禮學，但並未實指老師是誰，《周禮》、《儀禮》是古代禮經，代表先

〔註8〕 唐君毅，《中國哲學原論・原道篇》卷二。臺北：學生書局，1978 年再版，頁 64。
〔註9〕 朱熹，《四書章句集註》，臺北，鵝湖出版社，1984 年初版，頁 4。

王（文、武、周公）的禮樂制度傳統。與《禮記》之間存在著經和傳的關係，而《禮記》所載的內容是孔子以降的儒門學者對古代禮經加以解釋引伸並發揮其意義所紀錄者。

（二）《禮記》之成型劃分為三個階段

其次船山又說：

> 孔子反魯，定禮樂，引伸先王之道而論定其義，輯禮經之所未備而發其大義，導其微言。七十子之徒，傳者異聞而皆有所折衷，以至周末洎漢之儒者，習先師之訓，皆有紀述。（《禮記章句・卷一》，頁 11）

係從禮學研究歷程，來說明〈《禮記》〉的內容來源，分為三個階段：

一是孔子刪定禮樂，輯補古代禮經，揭櫫其微言大義。二是七十二位大弟子各以老師所授禮學內容，各以其心得折衷取捨。三是戰國至漢初儒者，研習先師禮學各有紀錄及論述。其中最根源的是孔子的仁教心傳，亦即孔子詮釋經典的工作旨趣是發明大義，引導微言。班固《漢書・藝文志》曾言：「昔仲尼歿而微言絕，七十子喪而大義乖。」〔註 10〕其中微言大義已被學者公認是孔子仁教及禮意所在，然而何謂微言大義？徐復觀先生曾有扼要說明：

> 在現實環境中所作的改良性的主張，這是孔子的大義。不考慮現實環境，而直就道的本身立說，這是孔子的微言。〔註 11〕

其間微言與大義的差別，端看立基於理想層次或是現實層次立說而已，從《論語》中可看出孔子兼從這兩方面立說，須兩相配合才能見出孔子思想全貌。

（三）《禮記》的價值在於孔子的微言大義

孔子在現實環境中看到周文罷弊，禮樂制度的越分踰矩及僵滯拘執，因此須注以仁心義質的源頭活水，及永恆眞理的提撕，冀能以質救文。若以管仲為例，則孔子對他毀譽皆有，在現實政治上肯定管仲的尊王攘夷，興滅繼絕，不過在理想層上，則批判管仲器小，奢侈等不知禮的舉動。再就古聖先王的傳統為例，孔子常從理想上立言，稱美堯舜的禪讓天下，無為而治，這是在理想層次直接就道理本身立說，也是牟宗三先生所指稱是託古立象，〔註 12〕而不必質

〔註 10〕班固，《漢書・卷三十・藝文志》，臺北，鼎文書局，1979 年，頁 1701。

〔註 11〕徐復觀，《中國人性論史》。臺北，臺灣商務印書館，1978 年四版，頁 64。

〔註 12〕牟宗三先生曰：「堯舜禪讓並不是通過理性的自覺而成立的一個政治制度，此後來儒者託古立象耳。」牟宗三，《歷史哲學》。臺北，學生書局，1978 年台三版，頁 16。

疑是否爲歷史上實然發生者，其實只是爲了對照現實政治，而必須給予理想上的提昇，但是理想的政治不能徒託空言，乃必須落實在當前世間的現實政治上呈現理想，才有意義可言，因此孔子最稱道的政治制度，卻是西周時代，而說「郁郁乎文哉！吾從周。」（八佾）如徐復觀先生又說：

> 《禮記·禮運篇》貶禹湯文武的家天下爲小康之治，而別於其上設
> 天下爲公的大同世界，此眞傳孔子之微言，而爲後世小儒瞠目結舌
> 所不敢道的。〔註13〕

強調〈禮運篇〉作者眞能體會孔子的微言，高懸天下爲公的理想世界，以對照出現實政治上有其永恆的欠缺、不圓滿。

（四）大同理想即是孔子的微言

但是另一方面，小康卻又是達致大同所必經的唯一途徑，故而孔子仍一再稱美郁郁周文，且強調克己復禮天下歸仁焉，可見小康的禮治，又甚值得鄭重加以實現，此應是孔子所發揚的大義所在，因此船山先生說：

> 能逮夫三代之英，則大道之行不遠矣，故夫子之志之一也。（《禮記
> 章句·禮運》，頁536）

> 大道之行，三代之英，相爲表裏，所以齊天下而共由於道，其繼起
> 爲功而不可廢者有如此。（同上引書，頁540）

大同、小康二種政治型態，正是分別寄寓了孔子的微言及大義，二者相爲表裡、相輔互成，能兼顧理想與現實的兩行雙美。因此，唐君毅先生即消融船山見解而言：「大同揚中有抑，小康抑中有揚。」〔註14〕一般人多言大同高於小康，鮮能知小康實有高於大同之處。先秦思想中類似大同的政治境界，各家學派均能言之。〔註15〕唯有小康之禮治，其他學派不言，獨有儒家能夠「極高明而道中庸」〔註16〕地加以論述，提出具體可行的方案、措施。《論語》中孔子嘗「夢見周公」，稱美「郁郁乎周文」，《禮記》全書幾乎都在談禮樂制度

〔註13〕 徐復觀，《中國人性論史》。臺北，商務印書館，1978年，頁64。
〔註14〕 唐君毅《中國哲學原論·原道篇》卷二。臺北，學生書局，1978年三版，頁97。
〔註15〕 例如陳正焱，林其錟，《中國古代大同思想研究》，中華書局香港分局，1988年初版，頁15～85。文中提到先秦各家的理想世界有：《墨子·尚賢下》所載「有力者疾以助人，有財者勉以分人」。《老子》的「小國寡民」，《莊子·天地》的「民如野鹿，上如標枝」，農家的「君民并耕」、「國中無僞」（載見《孟子·滕文公上》），《尉繚子·治本》的「使民無私則王天下一家」等。
〔註16〕 《中庸·第二十七章》。

及其相關思想，都讓我們了解到小康之禮治的重要，孔子即認爲只要能正視現實上周代文明爛熟之後僵滯虛僞之弊病，予以內在仁心之價值指點及堯舜政治理想的提昇導引，文化前途才有希望可言。

（五）復性以立人極是先聖的終極關懷

承上文孔門禮學分爲三階段，發展至西漢之後，有戴聖予以整編，船山又有一段話語說明《小戴禮記》之價值深義：

> 小戴承眾論之後，爲纂敘而會歸之，以爲此書，顯微同異之辭雖若不一，而於以體先聖復性以立人極之意，其不合者鮮矣。善學者通其意以會其同，辨其顯以達其微，其於先王窮理盡性，修己治人之道，明而行之，亦庶乎其不遠矣。（《禮記章句·卷一》，頁 11）

《小戴禮記》的價值在於匯歸孔門禮學的諸多研究成果，指點出復性以立人極是古聖先王的終極關懷，從大多數的《禮記》文字中都可以體察了解。其次則說明善於學禮者之研究態度，是通曉禮意以領會不同文字間實有相同的旨趣，明辨禮文而通達其內涵深義。其三，明白禮意之後還必須落實於道德踐履，其內涵則是先王所揭露的「窮理盡性，修己治人之道」。至於何謂復性？牟宗三先生言：

> 所謂復性，即恢復我們之本體性。欲恢復作爲本體之性，即須克服或轉化我們之氣質之不善不正者，我們說性是真正主體或真正之本體，此一主體或本體是遍在於任何人的。[註17]

實即孔子「克己復禮爲仁」[註18]之意，也肯定孟子所言人性本善及人皆可以爲堯舜之義，而所謂復性，即是根據與天俱來的善性，轉化不善之氣質，及克制生命中的非理性成分。故須正視個體的修養工夫，以呈顯人性的價值及挺立人道的尊嚴，而這就是「立人極」的義旨。

三、《禮記章句》成書年代及其歷程

船山創作禮學專著《禮記章句》四十九卷，始於西元一六七三年，清康熙十二年癸丑，五十五歲時，因書之序言末尾云：「歲在癸丑日長至衡陽王夫之序」。於西元一六七七年，清康熙十六年丁巳秋，船山五十九歲時寫畢。曾作爲授徒講義，本書體例之整飭，於船山龐大著作中並不多見。相關資料例

[註17] 牟宗三，《中國哲學之特質》。臺北：學生書局，1980 年台五版，頁 68～78。
[註18] 《論語·顏淵》。

如：

1. 〈新秋望章載謨詩〉中，周秦焚後字自注云：「時禮注方竟。」〔註19〕

2. 船山子敔〈大行府君行述〉：「三桂兵無紀律，晝掠夜劫，搜及窮谷。值華亭章司馬次公子南遊阻道，亡考延入山中，晝共食蕨，夜共然藜，以所著《禮記》授之，夜談至雞鳴爲常。游兵之爲盜者竊聽共異之，相戒無犯焉。」〔註20〕

3. 《沅湘耆舊集》引徐令素〈唐躬園墓誌〉云：「滇師抗命之年，章公子載謨有謨游粵西不得歸，因游於船山之門，而問禮且夕與躬園偕。」〔註21〕

4. 《小腆紀年・章曠傳》云：「子有謨，字載謨，孤露無所歸，衡陽王夫之招之同居雙髻山，飯糗然脂，三年學成，爲夫之高弟子焉。」〔註22〕

5. 章德啓《景船齋雜記・序》云：「章有謨字載謨，華亭人，生平力學探古，不應有司試，寓衡山，從王船山游，訓以學禮，歸，名其齋曰：景船。著《禮記說約》三十卷，今佚，存者《景船雜記》二卷。」〔註23〕

第一段文字提到六十歲時，《禮記》注解完成不久。第二段說明《禮記章句》曾爲船山授課講義，時值吳三桂造反，兵員劫掠嚴重，船山與弟子章有謨研禮之時生活條件惡劣，食蕨燃藜，卻仍能刻苦夜讀，甚至感動盜賊不敢侵犯。第三段提到船山授禮時，及門弟子尚有唐躬園（端笏）。第四段說明師徒研禮期間長達三年方竟其功。第五段說章有謨（船山好友章曠之子）能繼承船山禮學且有研究專著，惜已散佚。而書齋命名曰「景船」，則有敬仰景慕船山之意。

第二節　王船山對《禮記章句》方法進路的說明

船山於《禮記章句》卷首有一總序，長七百餘字，其中對於船山研究禮學的基本見解、態度和方法，乃至於苦心孤詣，有著清楚地表述，頗爲珍貴，須先探索。又因本序文惟見於船山五世從孫嘉愷之抄本，其他各印本俱未能

〔註19〕《薑齋詩集・六十自定稿》收錄於《船山全書》第十五冊，頁352。

〔註20〕《船山全書》，第十六冊，頁74。

〔註21〕轉引自劉春建《王夫之學行繫年》，河南，中州古籍出版社，1989年，頁228，五七歲下「注七」的資料。

〔註22〕同上引註。

〔註23〕同上引註。

採納印行，〔註24〕逮一九九一年六月，湖南長沙嶽麓書社出版發行《船山全書》第四冊——亦即《禮記章句》時，才予以收錄付梓，方得公諸於世。此序文作於船山五十五歲，計劃寫作本書之前所表白的期許及宗旨。對於今日學者欲研究船山禮學而言，實宜對此序文先作理解，以期掌握船山研治禮學時所採取的觀點及心境。一言以蔽之，兩端一致論的研究方法，正是船山作理論表達時的最根本預設。本末、體用、知行等研究範疇則靈活運用於其間。序文中首先據《易·繫辭傳》之「顯諸仁，藏諸用」一語提出其「仁禮互動」的思想根據，次據春秋華夷之辨，說明禮是人禽華夷君子小人之分野所在，仁心的發露，隱藏在日用尋常的禮儀文制間，文明乃可長可久。故禮足以孕育涵養仁心，於是船山乃揭示孔子「克己復禮」一語是道德實踐的根本方針。至於何以《易》與《春秋》能作為思想的最高根據與判準，而為船山所引用，誠如曾昭旭先生所說：

> 六經之中，《易》、《春秋》是對人文制作的後設反省與批評，乃所以貞定人文活動而使其不變質流失者，就中批評活動（春秋）又須據最高原則（易）以行，故《易》為體，《春秋》為用。〔註25〕

因為《易》代表理論分析的最高指導原則，《春秋》則是表達現實政治上權衡是非善惡的根本判準，因此，在船山的言論中，吾人將會一再地看到船山據《易》與《春秋》作為衡量的尺度，以探討禮學諸面相，是不足為奇。

　　茲將序文內容分為六段，疏釋於後。從中亦可見出每一段落中均是兩端而一致的具體呈現。

一、仁禮互為體用，義為中介

> 《易》曰：「顯諸仁，藏諸用。」緣仁制禮，則仁體也，禮用也；仁以行禮，則禮體也，仁用也。體用之錯行，而仁義之互藏，其宅固矣！（《禮記章句·序》，頁9）

序文開篇就揭示了船山以《易經》思想作為其禮學的指導原理，「顯諸仁」是說天道會在萬物的創生化育中顯露，「藏諸用」則是說天道在能創生化育的大用中潛藏。〔註26〕《禮記·禮運》中，孔子曰：「夫禮，先王以承天之道，以

〔註24〕詳見楊堅，〈禮記章句編後校記〉，收錄於《船山全集》第四冊，頁1565～75。
〔註25〕曾昭旭，《在說與不說之間——中華義理學之思維與實踐》，臺北，漢光出版公司，1992年初版，頁53。
〔註26〕參見牟宗三，《中國哲學的特質》，臺北，學生書局，1980年台五版，頁12。

治人之情。」古代聖王即根據天道自然的秩序，定出儀則來調理人類生活，因此《易傳》之語乃常被船山引用以釋禮之義。此「顯諸仁、藏諸用」正可理解仁、禮二端之互動。船山認爲仁心必然開顯，而藉禮文蘊藏其用；而同時也指點了儒學不離人倫日用，且安排精神生活途徑的永恆常道性格。〔註27〕析言之，聖王緣由仁心而創制禮文，表顯爲具體可循的道德建構及儀式條文；仁心作爲道德實踐的價值根源，而藉禮文作爲具體的表現。仁爲體，禮爲用，此之謂「緣仁制禮」。

另一方面，禮文既被制作成爲定體，普天之下的貴族及凡民，乃得藉此禮儀文制之定體呈露其仁心，並藉此定體作爲把柄，以參與人文化成的創造，豐富文明。禮爲體，仁爲用，此之謂「仁以行禮」。若比較上述二者的體用之義，其實並不相同。前者（仁心）之體爲本體之體，後者（禮文）之體爲定體之體，而無論是「緣仁制禮」，或是「仁以行禮」，二者是融和諧同地表現在歷史文化的進程中，聖王上承天道，內秉其仁心而制禮作樂。凡民生活於禮樂文制之中，乃得以啓導其仁心，而上通於天道，共同參與於歷史長流中文明的創造。

由是，仁、禮二者乃是互爲體用，交養互成。禮須具有客觀義道的性質，在實現的過程中，義必須在內外之際，心物之交，作出恰當合宜的判斷、權衡。所以說「體用之錯行，而仁義之互藏」，仁與禮，一在形而上，一在形而下，二者互動且涵攝彼此，連綿橫亙地表現在政治社會生活當中，從而構成了歷史文化生命的豐富內涵，此即仁禮互爲體用之義。

二、禮爲天道之所藏，而人道之所顯

船山又曰：

> 人之所以異於禽獸，仁而已矣；中國之所以異於夷狄，仁而已矣；君子之所以異於小人，仁而已矣。而禽狄之微明，小人之夜氣，仁未嘗不存焉；唯其無禮也，故雖有存焉者而不能顯，雖有顯焉者而無所藏。故子曰：「復禮爲仁。」大哉禮乎！天道之所藏，而人道之所顯也。（《禮記章句・序》，頁9）

文中上承孔子強調《春秋》大義及《孟子》三辨的義理，指出人禽、華夷、文野的區別，而作爲其間差別的根本關鍵，並不在仁，而是在於禮。其理論

〔註27〕同上註，頁89～92。

之特殊處在於孟子強調的是人能存此仁心，孟子曰：

> 人之所以異於禽獸者幾希，庶民去之，君子存之，舜明於庶物，察
> 於人倫，由仁義行，非行仁義也。〔註28〕

強調以自律自由的本心作生命的主宰，超越利欲之求，才是人性價值所在。
〔註29〕船山卻從另一端客觀制度上言，禮可以安排生活軌道，創造精神生活
的途徑，此船山亦曰：

> 項羽之亡，魯受圍而絃誦不輟，則流風遺韻皆載周公之德，亦不誣
> 矣。子曰：「爲國以禮。」禮者，固非徒儀文器物之謂，而儀文器服
> 之僅存，猶足以維人心而端風俗，其又可忽乎哉！（《禮記章句·卷
> 十四、明堂位》，頁787～8）

可見禮作爲文明的表徵，即使殘存儀文器物，雖屬枝微末節，仍足以啓迪仁
心，昇華人性，端正良風美俗。此亦「本必貫末，末還滋本。」之意，道德
良心（仁）之根本固仍須優予肯定，儀文器物亦不可輕忽。

　　所謂「道心惟微」，仁心之呈露雖較隱微，但畢竟是人人與生俱來的根本
善意，愛親敬長的良知良能，即使在禽獸也會有本能的天心呈露，小人也有
平旦之氣的偶然清明，故曰「仁未嘗不存焉」，不過又因「人心惟危」，人性
中非理性部分總是在幽暗之處讓情識、物欲將人往下拖帶，而有「克己復禮」
的需要。此時生活中的儀禮、禮器、禮物、禮貌，看似微末小節，卻在必要
時足以提醒人深省其中象徵之深意，具有振聾發聵的效用。

　　如前所述，禮既然作爲文明的表徵，歷史文化的總體表現，宗教、政治、
倫常、教育……無不寓乎其中，並且落實表現在政治建構，社會秩序及條文
儀節之中，對於中華的廣土眾民安排生活的軌道，無形中遂行人文教化的功
效。故《禮記·曲禮》云：

> 聖人作爲禮以教人，使人以有禮，知自別於禽獸。

船山則釋義曰：

> 作爲者，因人心自有之制而品節之爲章程也。天之生人，甘食悅色，

〔註28〕《孟子·離婁下》。
〔註29〕楊祖漢先生說：「這人禽之辨是做人的第一步，亦是最重要的一步。人如果汨
　　　　沒於利欲中，而不讓其自律自由的本心做生命的主宰，不擴充四端之心，則
　　　　人雖在外表上是一個人，其價值實在和禽獸無以異。所謂庶民，即是流俗，
　　　　亦實即是禽獸，孟子這裏頭所含的責備之意是非常嚴峻的。」見《孟子義理
　　　　疏解》，臺北：鵝湖，1995年版，頁73。

> 幾與物同。仁義智信之心，人得其全，而物亦得其一曲。其爲人所
> 獨有而鳥獸之所必無者，禮而已矣。故禮者，人道也。禮隱於心而
> 不能著之於外，則仁義智信之心雖或偶發，亦因天機之乍動，與虎
> 狼之父子、蜂蟻之君臣無別，而人道毀矣。（《禮記章句‧卷一、曲
> 禮上》，頁 17～8）

聖人制定禮儀是根據人性之善端呈露，故禮即是人道，禮是人的道德踐履，
上法天道，下治人情，而必然要外發表現，以作爲行仁的把柄、依據，誠如
前文緣仁制禮之意，聖人制作禮文成爲定體，藉由制度儀式節目等章程，以
提供凡民生活的軌道，而凡民天生本具的良心善性，才能有表達的管道，顯
著地表現於外在生活之中。即使「百姓日用而不知」，然而道德行爲仍可通過
「禮制」而必然實踐，道德心靈也必然呈露，如此就與禽獸的天機乍動判然
有別，禮即因此成爲建立道德尊嚴、挺立道德價值的客觀保障，及最佳的資
藉。而人道之可貴即在於「禮」唯人所獨有，且唯人能自覺主動，持創造之
權以行道德實踐，成就道德事業，乃可不必如小人或禽獸之天機乍現，而得
到永恆的保證。

三、三禮與本體、定體

《三禮》之中，《周禮》、《儀禮》爲定體，因其內容爲政治制度及生活儀
節，作爲道德事業實現的把柄、依據。《禮記》所傳揚的是仁心良知之本體，
寓含孔、孟、易、庸的仁義之道及文化理想，此船山又於《禮記章句‧序》
續曰：

> 仁之經緯斯爲禮，日生於人心之不容已，而聖人顯之。逮其制爲定
> 體而待人以其仁行之，則其體顯而用固藏焉。《周禮》六官、《儀禮》
> 五禮，秩然穆然，使人由之而不知。夫子欲與天下明之而發揮於不
> 容已，精意所宣，七十子之徒與知之，施及七國、西漢之初，僅有
> 傳者，斯戴氏之《記》所爲興也。（《禮記章句‧序》，頁 9）

仁心發露縱橫全面地表現在政治、經濟、社會生活的各層面，即必須是以禮
制儀文作爲憑藉。禮制儀文是仁心通達於外在人文世界的唯一徑路，藉由親
親尊尊所構成的政治社會之倫理關係網絡，仁心方始有具體落實的可能。而
萬象紛紜的人間社會也藉著禮文儀節而條理井然，綱舉目張，有理可循，有
法可依。此仁心通過禮制而日益發皇，自是源泉滾滾，沛然莫之能禦，而此

不斷成就的道德事業文化業績，就形成了歷史文化。因此歷史文明的關鍵起始點，就在於聖人能制禮作樂以開顯仁心，即使百姓日用而不知，已無礙於仁心的自覺，向上符合自然秩序，向下治理人情，而人也不可能走回茹毛飲血，人禽不分的舊路了。所以說「仁之經緯斯爲禮，日生於人心之不容已。」

由是，堯、舜二帝及夏、商、周三王所構成的歷史進程，使禮文日益成熟、完備，然而畢竟是「百姓日用而不知」，百姓只是不自覺地共同參與這文化大流，光明係來自於少數聖王之人物。下迄春秋時代，禮文爛熟以致僵滯之後，不得不由孔子賦予源頭活水，俾能以質救文。若人人均成文質彬彬之君子，那麼光明即可不限於少數聖王人物，終極理想則可普及於社會上每一份子，此時即是大同之世，人人皆具善意的美滿社會。孔子的教育及事業，因此具有崇高的道德價值，亦不可能及身實現到最圓滿的地步，不過，經儒門子弟的繼承發揚，到西漢才初步得到總結的成果。

如上所述，就經典而言，《三禮》之中乃分爲兩類，分別代表周公傳統的禮及孔子傳統的仁之內容。以前者言，周公制禮作樂及其繼承者到春秋初期的成果，就是《周禮》、《儀禮》二者所承載之內容（今日此二書已經過後儒託古改制，加以美化）。以後者言，孔子鑒於春秋時代周文已然罷弊，不僅諸侯習於僭禮，而且簒弒頻仍，孔子乃提出仁心內涵作爲源頭活水，以質救文，期使舊禮獲得生機，讓禮文背後的禮意，亦即仁心能眞正運轉，讓人人都成爲文質彬彬的君子，禮文才有意義可言。扼言之，《禮記》一書的內涵，是孔子以迄漢初的儒門後學，守先待後，相繼不絕所發揚的仁義之道及文化理想，亦即禮的精意所在，也正是蘊藏在《周禮》、《儀禮》二者背後的內在精神生命。而戴聖編纂《禮記》的貢獻，即在於匯整數百年來儒門學者研究禮文禮意的總成績。

總之，《周禮》、《儀禮》顯示爲定體的制度儀節，《禮記》則代表孔子所宣揚的仁道精意。分言之，前者爲禮，後者是仁，前者隱藏在日常生活倫常及政治建構分工裏，後者則是不容自已地顯露在外的道德關懷。且如序文前段所言，仁與禮二者互爲體用，交養互成。

四、禮分始制與修行，爲五經之實蘊

船山於《禮記章句・序》中續曰：

> 故自始制而言之，則《記》所推論者體也，《周官》、《儀禮》用也；
> 自修行而言之，則《周官》、《儀禮》體也，而《記》用也。《記》之

與《禮》相倚以顯天下之仁,其於人之所以爲人,中國之所以爲中國,君子之所以爲君子,蓋將舍是而無以爲立人之本,是《易》、《詩》、《書》、《春秋》之實緒也。天下萬世之爲君子,修己治人,皆以是爲藏身之固,而非是則仁道不顯,而生人之理息矣。(《禮記章句·序》,頁9～10)

(一)《禮記》與《周禮》、《儀禮》互為體用

禮是儒家內聖外王終極理想得以實現的總關鍵。藉由禮,足以體現仁心,落實仁政。如此,良知與事業才能一體呈現,而理想與現實之間才能化去鴻溝,故誠如前文所述,船山認爲仁禮互爲體用,《三禮》之中《禮記》與《周禮》、《儀禮》亦互爲體用。而在歷史文明的進程中,即表現爲:聖王緣仁以制禮(此爲始制),貴族及百姓則行禮以顯仁(此爲修行);前者根據人性本善,後者強調政治教化。若以大學八目而言其實踐,則前者是格致誠正;後者是修齊治平。〔註30〕再以《易·繫辭上傳》所言則是「可久則賢人之德,可大則賢人之業」。〔註31〕由是始制、修行二者之互動相倚,就形成文明的日新富有。

其次,藉由禮,人的地位提升(此爲人禽之辨),華夏文明形成(夷夏之別),而以德養區別君子小人取代階級的分劃(孔子之前,君子小人是政治上貴族與平民的分野)。因此船山強調禮是建立人道尊嚴,善化人性內涵的唯一根本要件,從中仁禮互動,涵攝彼此,一方面肯定傳統文化(禮樂制度)的客觀價值地位,另一方面也賦予文化以源頭活水、人性內在根據。

(二)五經之理是禮的精意,禮之實行是五經的法象

再次,禮同時也是其他經典得以落實於現前存在的保證。因就《六經》而言,禮恰就實事而立論,而其他五經則偏向從理想上立言,故須以禮作爲落實之處,以即事見理,此如《大學》云:「物有本末,事有終始,知所先後,則近道矣。」本末終始兼重,才是道德實踐的眞正完成。有爲之君子須藉禮來安身立命,乃至修己治人。故船山論〈經解〉云:

此篇首明六經之教,化民成俗之大,而歸之於《禮》,以明其安上治民之功而必不可廢。蓋《易》、《詩》、《書》、《樂》、《春秋》皆著其

〔註30〕參見朱熹:《大學·經一章》,收於《四書章句集註》。
〔註31〕《易經·繫辭上傳·第一章》。

理，而《禮》則實見於事，則《五經》者《禮》之精意，《禮》者《五經》之法象也。故不通於五經之微言，不知禮之所自起；而非秉禮以爲實，則雖達於性情之旨，審於治亂之故，而高者馳於玄虛，卑者趨於功利，此過不及者之鮮能知味而道不行也。（《禮記章句·卷二十六、經解》，頁1171）

化民成俗，安上治民之功（亦即當政者之修己治人），必須透過禮文的作用，才能得到歸宿之處。因爲五經與禮的功能作用不同，五經能直接彰明道理，蘊藏「微言」於其中，而禮須表現在當前實事上，表達「大義」以改善政治現況。前者所蘊藏的是禮儀文制背後的精意，直陳道德理想，後者是具體儀節制度，而有形跡可見，也有裁制運用的方法，因此又稱做「法象」。《易繫辭上傳》云：「聖人以通天下之志，以定天下之業，以斷天下之疑。」〔註32〕足以表達上述六經化民成俗之大用。又提到天道之陰陽闔闢，循環往復，無所不通，「見乃謂之象，形乃謂之器，制而用之謂之法，利用出入，民咸用之謂之神。」禮既顯爲可行之跡象，又藉形質已具的器物，而後能有加以裁制運用的方法，所以說「禮者，五經之法象。」至於五經之微言，則是道德仁義之理，也是「仁」這個內在的良知真心，正是禮的起源，如前所云，自始制而言，聖人「緣仁以制禮」。反之，自修行而言，則是貴族與百姓「行禮以顯仁」。

（三）禮使聖人君子得到藏身之固

因此，禮是道德實踐的憑藉，若未能執持禮文作爲把柄，即使其人通達性情深旨，及治亂興衰的緣故，仍將只是抽象掛空的玄想，下焉者則唯功利是競，這裏而也蘊含船山「即器言道」的思想，他強調：

天下唯器而已矣，道者器之道，器者不可謂之道之器也。……古之聖人能治器而不能治道，治器者則謂之道，道得則謂之德，器成則謂之行，器用之廣則謂之變通，器效之著則謂之事業。〔註33〕（《周易外傳·卷五、繫辭上傳第十二章》）

可見禮文器物是成就道德事業不可缺少的憑藉，故仁道須藉禮文才得以顯著。君子修己治人也都憑藉禮而得到「藏身之固」。故船山之解「藏身之固」曰：

本天，效地，別仁義，起興作，考制度，以儐鬼神，禮由是立，而

〔註32〕《易經·繫辭上傳·第十一章》。
〔註33〕王船山，《船山全書》第一冊，長沙，嶽麓書社，1996年，頁1027～8。

> 凡人君所以治政安君，使上下交正而遠於倍竊，亦即此而在焉。聖
> 人所以藏身深固，不待刑罰而民自服也。（《禮記章句・卷九、禮運》，
> 頁 555）

禮文既根據天理之節文，及土地、宗廟、山川、宮室等實際需要，正己而後
正人，以安定群生，那麼聖人君子的權位就可以得到堅實保障。因此，綜合
上述，《禮》在六經之中的地位，因能落實道德實踐及道德事業的完成，而尤
顯重要。

五、禮爲躬行之密用，因科舉而微言蕪敝

（一）俗儒纂詁之弊

　　船山認爲禮雖注重身體力行，然而經典的研究必須抉發禮文背後的意
義，方向仍不應有所偏差。他在《禮記章句・序》中又說：

> 是以先儒莫不依禮以爲躬行之密用，而論撰姑緩焉，非徒憫於《禮
> 經》之闕佚而無以卒其業，亦以是爲道之藏而不可輕也。雖然，
> 沿此而俗儒纂詁以應科舉者，乃以其支離奪鄙之言附會成書，文
> 義不屬，而微言之蕪敝也愈以遠。明興，詔定《五經》，徒取陳氏
> 之書，蓋文學諸臣之過，而前無作者，不能闕以姑待，取辦一時
> 學宮之用，是其爲失蓋有由然，而亦良可憾矣。（《禮記章句・序》，
> 頁 10）

原本前節所闡述《易經》「顯諸仁，藏諸用」之意旨，天道藉仁心顯示，亦藉
由禮文的制度儀節，在「百姓日用而不知」的情況下潛運其用，或在君子自
覺的道德生活中蘊藏其密用。因此，禮文可以促使道德生活益加篤實精切，
具有安身立命的莫大功效，於以開顯天道生化之秘藏，故禮在政治社會的實
際生活中必不可少，而不可輕忽，故夫子曰：「立於禮。」又因力行優位於認
知，而可以「論撰姑緩」或「述而不作」，姑且延緩進行個人在學術上的論撰，
但緩行並非不行之義，故在學術上客觀學理的探討仍有其必要性，更何況禮
須因時制宜，與時俱新，在歷史上禮必須執行，同時亦需有相關研究。

　　船山於是對實行科舉以來的禮學研究之態度方法，有所批判。其一是受
科舉制度影響，俗儒纂集前代文字詁訓以說解禮書，致禮文支離破碎，而禮
文背後的禮意則未深入探究，致前後文之義旨不相連貫，微言大義因此不能
顯發，而離道日遠。原來唐初孔穎達奉詔撰定《禮記正義》，使士子習經有

所宗主，以便科舉之用。其書於鄭玄《禮記注》之基礎上疏解，酌採南朝皇侃的《講疏》、《義疏》，並以北朝熊安生的《義疏》為輔，形成《禮記》經學的統一，也總括了漢唐之間禮學的研究成績。迄於宋代，衛湜撰寫《禮記集說》，採集一百四十四家經說，仍稟承漢唐舊說，卻是「賅博有餘而精審不足」。〔註 34〕綜合上述孔穎達、衛湜二書的基本研究方法是以訓詁義疏為主，至於其間學術思潮歷經魏晉玄學及隋唐佛學，對於宋代儒學之精微義理，尚未能充分闡發，即使衛氏兼採一百四十四家經說之中，約有八九十家出自宋代，但因「零篇碎簡，收拾略遍」（《禮記集說・自序》之語），於《禮記》全盤義理尚談不上深入探討。〔註 35〕

（二）朱熹視《儀禮》為根本，《禮記》為枝葉

　　至於朱熹雖被推尊為宋代儒學之代表，影響最大，卻未充分重視《禮記》之價值，而把禮學研究重心放在《儀禮》，而著作《儀禮經傳通解》一書，並在卷首說：

> 《儀禮》是經，《禮記》是解《儀禮》，……蓋《儀禮》，禮之根本；而《禮記》乃其枝葉。《禮記》本秦漢上下諸儒解釋《儀禮》之書，又有他說附益於其間。今定作一書，乃以《儀禮》篇目置於前，而附《禮記》于其後，如〈射禮〉則附以〈射義〉之類。〔註 36〕

朱子的說法無法正視歷史文明進化的現實情況，純視《禮記》為附庸，而且未能正視儒家學術與時俱新的發展事實，何況《禮記》四十九篇中，只有七篇是專釋《儀禮》的，即〈冠義〉、〈昏義〉、〈鄉飲酒義〉、〈射義〉、〈燕義〉、〈聘義〉、〈喪服四制〉。其他篇章雖出於秦漢之間，大多承繼孔子微言大義予以闡發，價值甚高。朱子見解來自其學術性格重視形上之理的絕對尊嚴，故執定《儀禮》為經，而定於一尊，章權才先生認為朱熹對《儀禮》和《禮

〔註 34〕此二語出自劉松來，見氏著《禮記漫談》，臺北，頂淵，1997 年初版，頁 46。但未注明出處，當是根據以下二書說法：（一）紀昀四庫全書總目提要卷二十一，經部禮類三，稱譽衛湜之《禮記集說》一書曰：「首尾閱三十餘載，故採摭群言，最為賅博。」（二）陳澧《東塾讀書記》，〈卷九、禮記〉則曰：「其中空談義理，陳言甚多，由於貪多務得，遂成巨帙，讀之甚費日力，而得益甚少，如有為之削繁撮要者，則善矣。」

〔註 35〕此可參見當代學者之研究，如吳萬居，《宋代三禮學研究》，臺北，國立編譯館，1999 年初版。頁 301～303。

〔註 36〕朱熹，《儀禮經傳通解》（《朱子全書》第貳冊），上海，上海古籍出版社，2002 年。

記》的關係，有其獨特的見解，〔註37〕但章氏卻未能指出朱子此說的偏差。將經學權威化，而忽視儒學發展的後出轉精之事實，《禮記》乃是孔子及其後學，迄漢初數百年間，因應時代及政經社會的鉅變，因時制宜而有的創造性詮釋，畢竟理的絜靜精微不能僅存在於空闊的形上界裡，必須相應於現實世間作彈性權衡的調整。故朱子雖特重其中〈大學〉、〈中庸〉二文的價值，予以章句，且併入《四書》單行，但《禮記》全書的價值，仍無形中受到摧抑。

當然，朱子的說法也有其歷史因緣，或許是針對王安石廢〈儀禮〉的弊端，加上個人學術取向而有矯枉過正的行爲。〔註38〕朱子說：

> 熙寧以來，王安石變亂舊制，廢罷《儀禮》，而獨存《禮記》之科，
> 棄經任傳，遺本宗末，其失已甚。而博士諸生又不過誦其虛文，以
> 供應舉。至于其間亦有因儀法度數之實而立文者，則咸幽冥而莫知
> 其源，一有大議，率用耳學臆斷而已。〔註39〕

推其問題來源，端在科舉用書而引起，利祿所趨，導致研讀者的心態有所偏差，王安石的作法亦非全誤。若還歸學術研究發展，《儀禮》、《禮記》二書實同等重要，朱熹及王安石各執一書，均有其偏差。故船山即認爲二書互爲體用本末，但看自始制或自修行哪種角度而定(參見本章前二小節)，應是較爲周全的見解。

（三）明代《禮記大全》剽取元代陳澔《禮記集說》

其次，船山又批評明代政府對禮學研究推行不力，督導不周，雖詔定《五經大全》之編訂，其中《禮記大全》號稱采集諸儒之說四十二家，〔註40〕卻不過用於箋釋文句，而大體上只是抄錄元代陳澔《禮記集說》，何況原書評價本就不高，故《禮記大全》徒使卷帙浩繁，卻無實際價值，此意清初大儒顧炎武亦有同樣看法，而加以痛斥曰：

> 當日儒臣奉旨修《四書五經大全》，……僅取已成之書，抄謄一過，
> 上欺朝廷，下誑士子，唐宋之時，有是事乎？豈非骨鯁之臣已空於

〔註37〕章權才，《宋明經學史》，廣東人民出版社，1999 年，頁 215。
〔註38〕同上引書，章權才先生即認爲朱子有「補弊起廢，完善經學以發揮經學整體功能的企圖。」
〔註39〕朱熹，《儀禮經傳通解》(《朱子全書》第貳冊)，上海，上海古籍出版社，2002年。頁 25。
〔註40〕《四庫全書總目提要·卷三》。

建文之代？而制義初行，一時人士盡棄宋元以來所傳之實學，上下
　相蒙，以饕祿利，而莫之問也。嗚呼！經學之廢，實自此始。〔註41〕
顧氏說法較船山激烈，而亦不悖實情，二人皆批判文學大臣已昧失良心，為
得利祿，不擇手段，只為了應付科舉選用教材的便利，不分良窳，抄襲前人
作品，不惜上下蒙騙，而忽視儒學經世致用的本意，此所謂「士大夫之無恥，
是謂國恥。」〔註42〕立國根基已差，無怪乎明政之腐敗。顧、王二儒身歷亡
國之痛及學風吏習之敗壞，其憾恨尤為深切。

六、船山之寫作動機、治禮方法及期望

船山於《禮記章句・序》末段曰：

夫之生際晦冥，遘閔幽怨，悼大禮之已斬，懼人道之不立，欲乘未
死之暇，上溯《三禮》，下迄漢、晉、五季、唐、宋以及昭代之典禮，
折衷得失，立之定斷，以存先王之精意，徵諸實用，遠俟後哲，而
見聞交詘，年力不逮，姑取戴氏所記，先為章句，疏其滯塞，雖於
微言未之或逮，而人禽之辨、夷夏之分、君子小人之別，未嘗不三
致意焉。天假之年，或得卒業，亦將為仁天下者之一助。倘終不逮，
則世不絕賢，亦以是為後起者週言之資也。歲在癸丑日長至，衡陽
王夫之序。（《禮記章句・序》，頁10）

首先表達作者身世遭亡國喪親之痛，以孤臣孽子的心情，長抱傷懷幽怨，深
恐政統斷滅，而道統不立。此因明末政局紛亂，民怨沸騰，亡國之後，各流
亡小朝廷又忙於內鬥爭權，黨同伐異，看不出理想光明之所在，終至全面潰
敗亂亡。另一方面則滿清以異族入主中原，軍事鎮壓，毀傷難計，傳統的春
秋大義，夷夏之辨，使得賢士大夫深懷憂懼，傳統文化以及人性價值人道尊
嚴將隳壞殆盡，例如船山曾曰：

君子遭時之不造，禮教墮，文物圮，人將胥淪於禽獸，如之何其不
懼邪？（《禮記章句・曲禮上・第五章》，頁18）

凡此種種皆是作者親身經歷，而難以言宣之夢魘，焉得不心驚膽裂。檢視禮
學、禮治、禮教等等，正是傳統文化的總體表徵及業績，焉能不精心措意予
以保存傳揚。

〔註41〕顧炎武，《日知錄・卷二十、四書五經大全》，據黃侃校記原抄本，頁525～6。
〔註42〕《日知錄・卷十七、廉恥》，頁387～8。

　　其次則說明研治禮學方法，在於總結、抉發歷代禮學研究的優良成果，向上溯源於周公、孔子的《三禮》傳統，如前節所論述之仁禮互動，體用合一，即器見道……諸義，及以《易》、《春秋》作爲指導原則及判準等。再執持此微言大義以衡量各朝代典禮的優劣得失，得到公正的評斷，藉以闡發古聖先王的政治理想，復性以立人極的精意，期能明體致用，以啓迪後哲。

　　再次，船山自陳研究限制，一爲潛隱窮荒，資料不易取得，二爲迭遭憂患，個人身體狀況欠佳。此雖是實情，亦含自謙之意。基於這兩項理由，船山暫且以《小戴禮記》作爲研究對象，採用漢儒及朱子作章句的研究方法（其義詳析於下一節）。「章句」雖是義理學的前段工夫，但能疏通原書滯塞，而使得篇章文義前後連貫，避免文句支離，義旨附會，則是預定目標。

　　最後，作者說出自己的心願，對於此書的研究成果，自謙未必能充分朗現孔子之微言，但對於人禽、夷夏、君子小人等孔孟三辨之大義所在，〔註43〕則是時時刻刻都在提醒讀者的注意，因畢竟這是人性價值及人道尊嚴之所繫，至於讀者的才分學力是否足以了解船山所念茲在茲者，則已不須措意掛懷了。蓋政統雖亡，而道統仍在知識份子的良心及事業中，此或即顧炎武所謂「有亡國，無亡天下」之意。倘使事業未竟其功，則儒者守先待後，代不乏人，猶可旦暮遇之。

第三節　文獻詮釋方式──「章句」著述體裁的探討

一、爲何船山以「章句」作爲著述體裁

　　船山的禮學專著命名爲《禮記章句》，何以採用「章句」一詞？推其理由，蓋有二端，一是略如前節所述，朱子編定《四書章句集註》時，對《論語》、《孟子》作集註，但對《大學》、《中庸》只分別作了章句，而這是因爲之前學者未對此二書作較深入研究，即或有所研究，也還未達到朱子的標準，因

〔註43〕例如《禮記章句‧玉藻》曰：「此篇備記冠服之等章，而交接容貌稱名之儀附之以見。世降禮壞，夷狄之習日移，而三代之法服幾無可傳焉。……衣裳之義，繫於三極之道，亦甚重矣。人之所以爲人而別於禽獸者，上下之等，君臣之分，男女之嫌，君子野人之辨，章服焉而已矣。」頁723。又如《禮記章句‧坊記》船山注「君子以此坊民，民猶薄於孝而厚於慈。」曰：「《漢書》稱匈奴虐老歐心，慈子嗜利，禽獸餔衛其子，生死以之，而不知有父母。是蓋中國夷狄之分，而人禽之界，不但君子野人之別也。」頁1238。

此須先作一番章句的基礎工作，簡言之，即章解句釋，於解釋字詞之外，還要歸納段意。此二書原屬於《小戴禮記》中的兩篇文章，因船山特別重視《禮記》一書的價值，才再進一步對其他四十七篇分別訓釋，其用意源本於朱子，或許這是命名由來之一。

　　第二個理由則是儒學特別注重道統心傳的講習與承先啓後，對經典重新詮釋，以掌握其根本義理爲優先，乃至義精仁熟，作普世的教化工作，並非重視一、二位天才人物的思想獨創式表現。不過詮釋義理不能憑空杜撰，必須先有文字訓詁的基礎工程，此即漢儒的章句之學，在解釋經書時，於解釋詞義之後，再串講整句整段經文的大義。因此船山《禮記章句》全書體例乃是依經立傳的章句之著，〔註44〕先照例對一字一詞予以個別解釋，再配合整段字句或篇章作義理的解說；當然其重點仍在於發揮船山自身獨特思想見解及感受。

二、通觀行文義理的整體性

　　較值得稱道的是船山於《禮記》中重要文章，大多前有序文，後有總結，中間各章各節的段落，也言簡意賅地作適度說明，層次、段落均有講究，視通篇文字中彼此爲一有機體，互有呼應及統屬的關係，又可避免斷章取義，割裂原義式的臆斷，故《禮記章句》全書並不純然是考據訓詁之作，在保有漢學章句的特色之外，仍具有鮮明的個人著述風格，適時適地發揮個人的哲學見解。扼要地說，其詮釋過程包括「逐字作解」、「連貫演繹」及「探索背後的意義」三個階段。

　　若說還有限制不足之處，或許只是時代背景的暗晦，及作者流亡困頓、隱居窮荒，資料取得不易，及年華老大的顧慮。故船山於該書之前序曰：

> 見聞交詘，年力不遑，姑取戴氏所記，先爲章句，疏其滯塞，雖於微言未之或逮，而人禽之辨、夷夏之分、君子小人之別，未嘗不三致意焉。天假之年，或得卒業，亦將爲仁天下者之一助。倘終不逮，則世不絕賢，亦以是爲後起者逴言之資也。（《禮記章句·序》，頁10）

文中雖自謙對孔子的微言大義未能充分抉發，但其中對於人道尊嚴及人性價值的建立，可謂其終極關懷，亦是人類前途所繫。其中也洋溢著使命感、責

〔註44〕曾昭旭，《王船山哲學》，臺北，遠景，1983 年，頁 116。

任心及相當的自信，要在讀者的善悟。

三、徐復觀論「章句」的源流及發展

　　關於「章句」，這種注疏體裁，是淵源於漢儒，於秦火之後，欲分析整理經典文獻所創，而成熟於六朝的義疏。徐復觀先生曾爲文加以探討，〔註 45〕認爲訓詁、章句、義理爲三個階段，今擇其大要析言之，「訓詁」是對一個一個的文字所作的解釋，是字面的工作。而「章句」是衍訓詁，以作一章一句的貫穿的解釋，是將字面的訓詁加以連貫演繹的工作，有如六朝時代的義疏，而並非東漢時的章句，因爲東漢時一經的章句，動輒十萬言，乃至百萬言，泛濫成災，此乃博士們的知識活動太狹，只好盡量在章句上推演。而且合訓詁、章句二階段，並比不上義理，因爲義理是探討文字後面所含的意義。因此上段所述三階段，實爲二階段。徐先生又說：

> 西漢著述，將經的文字訓詁與大義分爲兩途，至爲明顯。一般儒生，
> 多不停在訓詁及章句之上，而係由訓詁以通大義。通大義才能形成
> 思想。〔註 46〕

由上可知，訓詁雖是基礎，卻不能止於逐字訓詁，仍須通向章句大義。例如《漢書‧劉歆傳》說：「初左氏傳多古字古言，學者傳訓故而已。及歆治左氏，引傳文以解經，轉相發明，由是章句義理備焉。」〔註 47〕可見由訓詁通向章句義理是一個漸進的過程，畢竟歷經秦火之後，典籍焚棄殆盡，由是復原的工作，當係以字面訓詁爲基礎，經數十百年蔚爲一定成績之後，方能由「逐字解明」，進至「連貫演繹」的工作，再來才有探索文字背後意義的可能。不過以漢代的質實心靈，及博士知識活動太狹；探討大義的工作，當然只好俟諸隋唐義疏了。

四、馬瑞辰對「章句」的看法

　　清代馬瑞辰說：

> 訓詁章句有辨；章句者，離章辨句，委曲支派、而語多傅會，繁而
> 不殺；蔡邕所謂前儒特爲章句者皆用其意傳，非其本旨……詁訓則

〔註 45〕徐復觀，《中國思想史論集續編》，臺北：時報，1982 年，頁 545。
〔註 46〕同上引註。
〔註 47〕班固，《漢書，卷三十六》，臺北，鼎文，1979 年，頁 1967。

博習古文、通其轉注假借，不煩章解句釋，而奧義自闢，班固所謂
古文讀應爾雅。〔註48〕

文中清楚扼要地言及章句的正解及弊端，須「離章辨句，委曲支派」，方是章
句正解，而「語多傅會，繁而不殺……用其意傳、非其本旨。」亦能切中前
文徐復觀所批評東漢儒者漫衍泛濫爲萬言的弊端，頗值得注意。至於船山是
否會蹈襲此弊端，其實是不用擔心的，畢竟船山爲明末清初之大儒，對儒學
體系有精準的掌握，且遍注群經，具有廣大悉備的義理思想系統，從船山繁
夥的著作及百年來學者對船山學術的析論已無庸置疑。而馬瑞辰對訓詁的重
視，亦值得注意，因爲經過訓詁逐字解明其轉注、假借的用字原理，以探求
字的本義而奧義自闢，當是不可忽視的詮釋工作，雖是基礎工作，實不可輕
忽。印證於船山《禮記章句》中訓詁及章句，無處不然，至於是否演繹義理，
則端視內容是否值得發揮而可有可無了。這正符合船山兩端而一致，本末兼
重的方法論，及看出船山治學態度融合漢、宋的用心。

五、船山的著述方式兼顧理事圓融及考據義理

根據上述標準，船山的《禮記章句》一書實已通向義理，不限於訓詁、
章句，書名定爲章句，或許一方面是船山謙抑之言，另一方面是禮記全書四
十九篇中，值得發揮思想，可以通向禮意的篇章只佔三分之一強，其他篇章
仍保有大量制度、儀文，屬於紀錄文字，性質較爲瑣碎，聊且爲之章句，加
以順通即可，因此書名定爲章句又何嘗不可。本論文欲探究船山禮學，自是
多加揀擇船山發揮獨特思想之處，尋繹其思理，冀能掌握其禮學思想體系與
研究方法。

綜上所述，船山《禮記章句》的著述方式，是綜合運用了訓詁、章句、
義理三個階段的工作，而就學術統緒言，同時繼承漢學、宋學的學術路徑，
已示範性地作了先期學術整合，以此方法探索《小戴禮記》的內容意蘊，兼
容並蓄地照顧到禮意與禮文的雙重內涵。

若與船山其他著作相較，如於《周易》有《周易內傳》、《周易外傳》，於
《尚書》有《尚書引義》，於《詩經》有《詩廣傳》，於《春秋》則有《春秋
世論》、《春秋家說》等，〔註49〕析其根由，當係流亡困頓中，資料不易取得，

〔註48〕齊佩瑢，《訓詁學概要》，臺北，廣文書局，1979 年，頁 13。
〔註49〕參看《船山全書》，共十六冊，長沙，嶽麓書社，1996 年。

客觀條件所限，乃以積漸爲功。其次，則是禮學偏向探索生活實事，不似其他經典可偏重在義理上獨自發揮，抽象地說理，故禮學乃「即事而言理」爲宜。第三，船山於其他經典有稗疏、考異等作，於《禮記》則無，可以說已將稗疏、考異等工作融合於章句的體例之中，再加上義理的引伸發揮，故以章句之體裁爲最恰當的詮釋方法。

第三章　禮體的分析──通過〈禮運篇〉大同小康兩端之辯證

　　第三章將進行歷史政治文化這一禮體的分析，不同於第四、五、六章則是天德良知這一仁體形上原理的說明。若就本論文全書共六章而言，前二章所說爲文獻之體，奠定船山禮學思想的研究基礎、文獻背景及分析方法。第三章至第六章爲方法之用，將對《禮記章句》全書作理論探索。依據「兩端一致論」之精神，第三章與第四、五、六章這兩端互爲體用，第三章先從發生層面說明歷史政治社會這整個文化之體（總稱爲禮體）的現實表現。第四、五、六章則從整個內聖外王之學的形上原理作探索。

　　船山於〈禮運篇〉的獨特論點是將大同、小康視爲一融貫本末體用，相輔相成之總體，闡發孔門政治哲學之微言大義，能兼顧理想目標與現實實踐步驟，又從仁、禮二端說明儒學承接傳統、與時俱新的精神。故本章即依據〈禮運〉全文對歷史文化整體發展，作禮體的舖陳。歷史上言，禮的始源是原天之道，以治人之情，故仁心禮意即是歷史文化背後的動力。其次說明政治哲學中，禮、政二端的本末體用關係。

第一節　〈禮運〉是研究禮學的恰當切入點

　　欲研究《禮記》一書，〈禮運〉必須加以注意；其重要性自前賢即不斷有所探討，而船山對於〈禮運〉的探索研析，更是詳盡深入，有許多超邁前賢的洞見，深值重視。吾人一方面可以從中了解船山哲學的獨特思理及系統，與對禮文、禮意的眞切體認。另一方面，也能認識到〈禮運〉本文的大開大

合，結構嚴整，及義理的詳密精闢，進而從中體認到禮運的價值與地位，其實並不在〈大學〉、〈中庸〉之下。甚至，吾人可以肯定說，從船山對〈禮運〉的詮釋，足以作爲吾人今日研究禮學思想、探究禮學全貌的一個起點及恰當途徑，作爲研究《禮記》全書的關鍵契入點。藉此，同時也對船山哲學有一具體的驗證。以下謹分數端，予以說明：

一、大同、小康互爲表裡，應視爲一體

首先，〈禮運〉篇首的大同章，歷來就是學者關注的焦點及探討的重心，一向眾說紛紜，難有確解，而船山對此論題的看法卻也別開生面，體認眞確，獨能言人之所未言，例如合觀大同、小康二階段爲一體，認爲二者互爲表裏，小康是達致大同的最佳方法及唯一途徑，而大同則在象徵政治的完美境地。船山說「大同」是：

> 大道之行，民淳則政可簡，爲之上者恭己無爲，而忠信親睦之道自孚於下土。（《禮記章句·卷九、禮運》，頁536）

又說「小康」是：

> 三代以降，時移俗異，民流於薄而精意不足以喻，故王者敷至道之精華制爲典禮，使人得釋回增美而與於道。（《禮記章句·卷九、禮運》，頁536）

綜論二者關係則說：

> 蓋其術之不同，由世之升降，而非帝王之有隆污也。能逮夫三代之英，則大道之行不遠矣，故夫子之志之一也。（頁536）

> 大道之行，三代之英，相爲表裏，所以齊天下而共由於道，其繼起爲功而不可廢者有如此。（《禮記章句·禮運》，頁540）

由上文可知大同、小康是對應歷史不同階段而有之恰當措施，不宜有高下優劣之論。大同、小康二者各有優、缺點，互爲抑揚，前者寄寓政治理想，後者說明具體實現步驟，前者是說禮意，後者是說禮文，前者是指內在仁心，後者是指外在禮制，因此必須通觀地統合二者，才能如實體現儒家思想的完整面貌。

若恪就此點深究，船山以前未有學者提出這種看法，此何以故？則須了解船山哲學以「道器合一」作爲基本預設，並採用「兩端而一致」的方法論，因此，欲研究船山注解〈禮運〉所依據的整體思想，即同時可以看到船山哲

學全面實質地展示，準此，吾人若能延伸理論觸角及於〈禮運〉全篇，並配合船山的說解，逐節逐段予以分析理解，當可了解禮學的全體架構及思想體系，及其何以隸屬於儒學研究的關鍵環節，從而體認禮學的意義及必要性。

　　何以吾人可以斷定船山對大同章的見解優於昔儒？因爲船山以外的學者對於〈禮運〉一文大多僅引用大同章，作斷章取義式的評論，懷疑大同是道家、墨家的學說，而不屬於儒家。〔註1〕再者，昔儒總是貶視小康的階段，卻未顧及到孔子經常贊美夏禹之菲飲食、卑宮室，及稱譽周公之制作禮樂。〔註2〕還有〈禮運〉全文都在探索禮樂的事實，其實正是小康六君子（禹、湯、文、武、周公、成王）的實際作爲。從這點就可看出昔人貶視小康的觀念是不足取的，而他們對〈禮運〉篇中文字，也僅採納某些他們認爲思想較爲精要的片段，割裂而作孤立地探討，因而在立論時也易導致以偏概全，掛一漏萬之弊，凡此都是不夠客觀而有偏差的作法。

　　另外，最重要的是船山採納歷史哲學及文化哲學的角度，來看待〈禮運〉的史實背景，而昔人認爲大同高於小康，這也患了歷史倒退論的錯誤觀點。其實若從孔子的稱美「郁郁乎周文」及荀子「法後王」的思想，都可看出儒家主張歷史文化的進程是往前走的。儒、道、墨……等諸家都提出理想的政治型態，訴諸古代某一階段來寄託理想，其實只是「託古立象」，〔註3〕並非歷史上實然發生的情況。而儒家與諸子的最大差異是，除了儒家之外，其他學派並未積極提出具體可行的實踐之道，而直接陳述最終的理想境地。反而是儒家對小康階段的提出與重視，落實禮義綱紀於政治、經濟、社會、家庭之中，其中方法、步驟都明確可循，雖然其中具體措施不必適用於今日，但在先秦至西漢的時代背景提出，卻是恰當相應的，甚或到清代都還適用，例如曾國藩也說：「修己治人之道，經緯萬端，曰禮而已。」〔註4〕又說：「船山先生注《正蒙》數萬言，

〔註1〕　如朱子說〈禮運〉似與老子同，陳澔說大同小康之說非夫子之言，康有爲作《大同書》、孫中山提倡禮運大同章的理想等。參見唐君毅，《中國哲學原論・原道篇・卷二》，頁93～94，和陳章錫〈從禮運篇探索孔子思想〉，《鵝湖月刊》，第304期，2000年10月，頁32～39。
〔註2〕　《論語・泰伯》及《論語・八佾》。
〔註3〕　牟宗三，《歷史哲學》，臺北，學生書局，1978年，頁16。牟先生說：「堯舜禪讓並不是通過理性的自覺而成立的一個政治制度，此後來儒者託古立象耳，但必不可昧於現實之發展，若不能知託古立象之意，便以爲堯舜一過，便入黑暗時期，是則全昧人類現實之奮鬥，與在現實中實現理想之發展。」
〔註4〕　曾國藩，〈聖哲畫像記〉。

注《禮記》數十萬言，幽以究民物之同原，顯以綱維萬事，弭世亂於無形，其於古者明體達用，盈科後進之旨，往往進之。」〔註5〕這肯定禮是修己治人的總綱領，具有潛移默化，安定政治社會人生的深義。不過，船山的見解誠然卓越，卻因有清一代壓制具有民族意識、夷夏之辨的儒家思想，船山學說闇而不彰，潛德幽光未能充分發皇。

〈禮運〉思想在近代眞正再受到重視，是因面對列強侵凌，清廷變法圖強之際，先有康有爲站在公羊學派的立場，撰有《大同書》，後有孫中山先生肇建民國，視大同爲最理想的政治藍圖。康氏之缺點，在於只在表象層面呈現大同世界的共產樣貌，憑空臆想，刻意而僵化，拘牽於形式，而未就實質層面的人類善性、主體自覺及情感須有適切表達加以論列，未能正視人性的價值與尊嚴。至於孫中山先生創獲三民主義，擷取中西方政治學說的精華，則不失其可行性，卻仍未點出人性的內在自覺，傳揚孔孟的心性之學，而猶差一間也。例如他也提倡「知難行易」以取代「知行合一」說，但解「知」爲「認知」之意，而非「良知」之意，乃無法企及王陽明良知學之本義。誤導政、學二界，其弊已見。畢竟世亂的根源仍肇因於人心之敗壞及風俗之頹廢，必須內正仁心，外修禮教，才是可取之途。

二、提高〈禮運〉地位，並將〈大學〉、〈中庸〉還歸於《禮記》一書的脈絡

其次，從船山對〈禮運〉深入詳盡剖析來看，船山認爲〈禮運〉的地位、價值，並不亞於〈大學〉、〈中庸〉兩篇，不過，前者在學術史上受到的關注及探究，顯然不及後兩者，差別頗大。在當代唯以唐君毅先生最能正視〈禮運篇〉的價值，曾經專文言及〈禮運〉、〈樂記〉二文係全面探索禮樂，作爲一形上學及文化哲學，竟使後代無敢言廢禮樂者。另外，唐先生又說〈中庸〉言人性，而〈禮運〉標人情，皆可總名之爲一「合天命與天地、鬼神萬物，人心之性情及人德與人文，以言人道」〔註6〕之思想。因爲二文之比較而言，〈禮運〉重視的是歷史文化上之落實體證，故偏重從現實的「人情」立論；而〈中庸〉則是在建立一套本體宇宙論道德形上學，故偏重從理想的「人性」立論。若以船山思想而言，綜合二篇所論，則亦是「道心」與「人心」的互

〔註5〕 曾國藩，〈船山遺書序〉，收入《船山全書》第16冊，頁418。
〔註6〕 唐君毅，《中國哲學原論・原道篇卷二》，臺北，學生書局，1978年，頁102。

藏交發，性情通貫，因此可見吾人今日若能合觀〈禮運〉及〈中庸〉二文的思想，必能互補相成，得到對禮學的更深入理解。其立意頗值得注意，而唐先生對禮學的研究成果甚爲高卓，正是從〈禮運〉一文出發，對《禮記》全書作整體探究。其所持論之諸多觀點，也很明顯地是受到船山啓發，例如大同、小康即是，並以船山之說爲基礎再加以發揮的。〔註7〕

　　因此，〈禮運〉一文的確是很適合作爲了解《禮記》全書的最佳契入點。因爲〈禮運〉所論，眞正能落實在歷史、文化、政治、社會、經濟、教育等各層面來探討敘論，而這是側重形上理論的〈大學〉、〈中庸〉所不能企及的。而這項特點尤其是在宋代之後〈大學〉、〈中庸〉二文被從《禮記》書中割離之後，乃使得〈禮運〉益顯重要。可見船山對〈禮運〉的深刻探究，其實是有極大的價值及意義。

　　不過吾人也當警惕的是，〈大學〉、〈中庸〉二文仍應得到研究禮記之學者予以重視，以此二文作爲探究《禮記》的基礎。否則將難逃象山所批評的「學不見道」之譏。因爲《禮記》全書，內容龐雜，四十九篇中，〈大學〉、〈中庸〉二篇被公認是理論最爲深切著明的，早經朱子表彰，加以章解句釋，〔註8〕且併入《四書章句集註》的行列，在政治、學術二界行之有年，歷經數百年來諸多學者研究，已經蔚爲顯學。然而明、清以來，諸多禮學專家，在注解《禮記》一書時，反而對此二文大多視而不見，存而不論，此在注疏的立場容或有理可說，但若針對全書作思想理論探討時，毋寧說是不恰當的，不僅誤導後學者忽視此二文，本身研究禮學時，也易捨本逐末，自足於制度儀文及文句錯簡的餖飣考證，陷入文獻的泥淖，無法自拔，尤其若執意強化自身的「漢學」立場，以與「宋學」對立時。因此，正確的作法仍應是將此二文還歸原書作整體考量。故船山曰：

> 凡此二篇，今旣專行，爲學者之通習，而必歸之《記》中者，蓋欲使《五經》之各爲全書，以見聖道之大，抑以知凡戴氏所集四十九篇，皆〈大學〉、〈中庸〉大用之所流行，而不可以精粗異視也。(《禮記章句·卷三十一、中庸》，頁1246)

這說明經典應各自保存原書全貌，又強調〈學〉、〈庸〉二文是作爲《禮記》全書的理論骨幹，不宜自原書割離，才能本末通貫，體用兼備。如若不然，

〔註7〕　同上註，頁92～112。

〔註8〕　船山曰：「朱子《章句》之作一出於心得。」見《禮記章句·卷三十一·中庸》。

也須對此二文深切體驗，在注解或研究其他四十七篇文字時，作爲理解全書的基準依據及衡量是非得失的尺度，庶幾減少偏失無本之弊。〔註9〕

當然，〈大學〉、〈中庸〉二文早自《禮記》的研究中被有意無意的割離，似已成爲事實，不過能夠獨立出來，受到深刻地研究，則毋寧說應是可喜的，因爲此二文只要能進一步地被禮學研究者視爲基本預設，作爲明體達用的資藉，則最令人期待。〈禮運〉之研究則未如此幸運，是以相較而言，〈禮運〉一文的理論地位，乃益形重要。乃至於〈禮運〉全文作週詳而深入的剖析也益形迫切。因而船山即明言要效法朱子序定〈大學〉的作法，並在實際上對〈禮運〉一文作校訂錯簡、僞誤及分別章節的工作。他說：

> 其中錯簡相仍，復多淆僞，竊附朱子序定大學之義，爲別次之。（《禮記章句・卷九、禮運》，頁535）

這是令人覺得可喜的學術探究，可惜船山學術囿限於諸多歷史上的外在因素，導致三百多年來長期闇而不彰，近來才稍有改善，目前尚有許多值得探索的論題。

三、〈禮運〉之篇名析義

〈禮運〉的名義，徵諸古註，《禮記正義》記載鄭玄之說曰：

> 名曰禮運者，以其記五帝三王相變異，陰陽轉旋之道。〔註10〕

陳澔《禮記集說・禮運》云：

> 此篇記帝王禮樂之因革，及陰陽造化流通之理。〔註11〕

二說皆從客觀面說到禮之運行符合自然世界的規律，而在主觀面說到禮有待於聖王因時創造，而後運行於人文世界。此二家說法仍屬片面，皆尚未能落實至孔、孟所主張的人人皆有仁心自覺，皆可以爲堯舜之主意，無法體會仁、禮互動且交養互成的深意。蓋因其時爲漢末衰世及宋代，孟子所主張的性善說及道德心性主體之良知大本，仍尚未受到普遍重視及肯認，《禮記》學者無法深化〈禮運〉之篇名含義，故必須等到宋明新儒學較爲成熟的時期，內聖學綱維已立，更重視將道德良知心體貫澈至外王事業之際，此則明末清初，陽明良知心學已發揚，重氣之經世致用實學已蔚成學風時，才有較爲深刻的

〔註9〕 本論文在第四章第一節專文處理〈大學〉〈中庸〉之義理內涵，作爲形上義理之根基。

〔註10〕 孔穎達，《禮記正義》卷九，《十三經注疏》本，臺北，大化，頁3508。

〔註11〕 陳澔，《禮記集說》，上海古籍出版社，1994年，頁112。

說明。如王船山曰：

> 運者，載而行之之意。此篇言禮所以運天下而使之各得其宜，而其
> 所自運行者，為二氣五行三才之德所發揮以見諸事業，故洋溢周流
> 於人情事理之間而莫不順也。蓋唯禮有所自運，故可以運天下而無
> 不行焉。本之大，故用之廣，其理一也。（《禮記章句‧卷九、禮運》，
> 頁 535）

與前二說的最大差異，應是禮文的創制者已不再是限於聖王，而是具有德養
的君子，或者說是具有理解、詮釋天道之能力的君子。在已創建的禮文制度
中，持載著聖王君子的天德良知，以安頓長養天下——民物，而在華夏文明
光環映照下一代一代的成員，乃得以藉由禮文制度，修養成為端凝穩重、術
德兼修的君子，發揮其創造性，以日新又新的盛德，共創粲然美備的富有大
業，以承先啓後，並躋斯民於至善的境地。因此，「德、養」的兩端一致論正
可回應船山「仁、禮」兩端一致之說。

　　且船山已揚棄「陰陽旋轉」及「陰陽造化流通」等字眼去解釋禮之「運」，
將歷史運轉的動力，由外向內收，故而不是物質自然的動力，而是精神的動
力。此中實有一歷史精神，貫注其間，禮何以能自運，即因禮文制度背後有
其內在人性良知潛運其內，在歷史的運會中，華族集團文化生命的實踐中，
有一精神實體洋溢充周，仁心良知指引歷史發展的正確方向，仁心孕育而成
的歷史精神文明，則教育凡民更能啓導仁心，以參與歷史文化的創造發展。

四、〈禮運〉的文章分段與內容大略

　　〈禮運〉篇全文繁雜豐富，學者憚於難讀而少有作全盤探索者，〔註12〕
但其實全文結構完整，思理井然，乃一大開大合之文。〔註13〕為便了解，船
山將全文分為四大段落予以解說：

> 第一章皆夫子之言。第二章記者引夫子之言而推論之。後二章則記
> 者之所述撰。其中錯簡相仍，復多淆偽，竊附朱子序定大學之義為
> 別次之。（《禮記章句‧卷九、禮運》，頁 535）

四大段的思想不但代表不同的述作者，也代表著不同的思想內涵及關懷向

〔註12〕姜建設曾提及〈禮運篇〉之完整性，但未細究文章內容。見氏著《周秦時代
　　　　理想國探索》，鄭州，中州古籍出版社，1998 年，頁 198～212。
〔註13〕唐君毅，《中國哲學原論‧原道篇卷二》，臺北，學生書局，1989 年，頁 98。

度，大致而言，應該是分別探討歷史哲學、政治哲學、人性哲學及文化哲學。貫串其間所體現的是孔子贊周易、修春秋的基本精神，一方面以寓褒貶、別善惡的正名思想，表達其如何批評歷史政治的混亂現象，另一方面並時常從宇宙全體存在，乾坤易簡的義理作爲理論探討的背境。而就船山本人思想特質而言，則依據兩端而一致的方法論，及道器合一的理論預設。茲將四大段內容略述於後。

（一）第一段：禮的源頭及其發展

自「昔者仲尼與於蠟賓」迄「此禮之大成也」為第一大段，係對禮作一番歷史哲學式地探討，推究禮的源頭及其發展。

首先以大同小康作爲政治型態的源頭及理想典範。其次從人類飲食、喪祭的生活自始即知「致敬於鬼神」爲例，說明禮文背後的「禮意」，亦即「仁心」才是文明的眞正起源及歷史運轉的眞實動力。再次，無論歷史文化如何發展，後代禮制如何完備，仍要「不忘其初」，在典禮中使用古制器物，而且以禮制最原初的作法視爲最高等級，因爲其中蘊藏的誠意最爲原始眞摯。另外，孔子又提出禮之所以重要，是因爲禮係承天道以治人情，能否運用禮文，是人類生活中生死存亡的關鍵所在。

（二）第二段：禮為體，政為用

自「孔子曰嗚呼哀哉，我觀周道，幽厲傷之」迄於「美惡皆在其心，不見其色也，欲一以窮之，舍禮何以哉」為第二大段，係提出一整套政治哲學。

首先孔子以魯之郊禘爲例（天子才可祭上天、祀始祖，而魯是諸侯，不應行此禮），認爲「僭禮」是世衰道微的根本原因。次及其他諸侯大夫競相越份踰禮，並批判各種政治亂象。其後才正面提出政治哲學的根本原則是「禮爲體，政爲用」，上承第一段文字「承天之道」及「治人之情」兩方面分別探討，分言之：前者從「承天之道」奠定禮的形上根據，認爲理想的政治哲學即是禮學，國君以仁心爲根基，以禮爲大柄，以自正正人爲前提，以「別嫌明微，儐鬼神，考制度」爲手段，用來安定等級次序，藉以安身立命，參考「天、地、父、師」四者作爲借鏡，分從宗教祭祀、經濟開發、家庭倫理、教育文化四方面，立足於「無過之地」。後者「治人之情」係落實天下爲一家

的政治理想。進一步提出具體作爲是「知其情，辟於其義，明於其利、達於其患」，以飲食生活作爲實際入手處，不離形器世間，即日用人倫以實踐禮義，實現完美的人際關係。

綜上二者，船山所詮釋的〈禮運篇〉政治哲學乃是有本有原、有體有用，能秉承天道以治理人情的完美系統。

（三）第三段：人者，乃天地之心，五行之端

自「故人者，其天地之德、陰陽之交，鬼神之會，五行之秀氣也」迄「故自郊、社、祖廟、山川、五祀，義之修而禮之藏也」爲第三段，係從人性史的角度及人的內涵來探討禮學。

西漢初儒家《易傳》、〈中庸〉這一學派的人性觀點，是統合孟、荀的人性理論，身、心凝合，形氣與性理並重地討論人性，而這正符合船山的理論傾向。故〈禮運〉原文也據《易傳》作本體宇宙論式地整體舖排說明。並以「人情以爲田」，農夫的生產過程爲例，對禮的耕耘收穫及融於生活作貼切的比喻。而最後仍回歸於政治、宗教中須分層負責，與第二章作理論上的呼應。《禮記》雖堅持人禽之辨的立場，但並未斬釘截鐵地偏重形上層面的本心善性，而是視人性爲心身兼備、性情通貫、形上形下一體凝合之具體眞實表現。而這其實仍是孟子思想所涵攝，其心、氣並尊，性、命對揚的理論探討，十字打開，雖側重本心善性，卻仍是整體肯定。而船山即氣言體、即器見道的哲學進路，相應於〈禮運〉的人性觀點，應有恰當貼切的發揮。

（四）第四段：禮必本於大一

自「是故夫禮必本於大一，分而爲天地，轉而爲陰陽，變而爲四時，列而爲鬼神」至「先王能修禮以達義，體信以達順故，此順之實也」爲第四大段，係提出一套文化哲學。

總承前文，首先提出禮的形上根據是大一，經由分轉變列的自然規律，落實於貨力、辭讓、飲食及各種生命禮儀。其次說明禮義是人生吉凶得失的關鍵，講信修睦以通達人我，養生送死、敬事鬼神以確立宗教意識。再次則說明禮必須經由人去執行，猶如酒依賴麴蘗來製造，因此聖人修「義之柄、禮之序」來整治人性，讓人情成爲聖王工作的田地，依於仁、成於樂，猶如在田地耕耘播種、收穫安美。既能敦厚仁德以順行之，則天下無有不順，而

此大順即是大同之實境，與本文篇首呼應。

第二節　〈禮運〉的歷史哲學

一、大同小康之異同及內涵意義

（一）政權轉移及選才方式不同

　　大同與小康的差異，首先在於政權轉移及選才方式不同，兩者都是孔子一心嚮往的政治理想，只因爲民情醇厚或澆薄之不同，爲政者乃有不同的相應措施，因時制宜，其實並無高下之分，故不宜有抑揚之論。如船山曰：

> 其術不同，由世之升降，而非帝王之有隆污也，能逮夫三代之英，則
> 大道之行不遠矣，故夫子之志之一也。（《禮記章句・禮運》，頁536）

夫子之志一，指的是〈禮運〉篇首孔子所言：「大道之行與三代之英，丘未之逮也，而有志焉。」於其後文孔子乃分述大同與小康的實際境況。「大同」是：

> 大道之行也，天下爲公，選賢與能，講信修睦。

「小康」是：

> 大道既隱，天下爲家，各親其親，各子其子，大人世及以爲禮，城
> 郭溝池以爲固，以賢勇知，以功爲己，故謀用是作，而兵由此起。（《禮
> 記章句・禮運》，頁538）

根據船山的解釋，就時代而言，大同是「五帝官天下，不授其子」，未來掌權之君臣皆由當政者在民間尋才。小康則是指夏、商二代及西周初年，大道隱昧，「流俗蔽固，人不能著明之。」政權則持以傳子。此船山曰：

> 大道不著則好惡私而風俗薄，故禹欲授益而百姓不歸，周公總己而
> 四國流言，雖欲公天下，不可得矣。（《禮記章句・禮運》，頁538）

當道德良知被個人主觀的感性私情蒙蔽之後，大同世界之桃花源境界乃藐不可尋，唯其間風俗日趨澆薄，並非人民的過錯，而是歷史文化發展中必經的流程，理性的開展是辯證的，面對人類非理性的無明表現，原始的和諧破裂之後，必然經過矛盾、協調、重整、改造、試煉之後，才能達到二度和諧。因此，在小康階段，必須導入相應於時代社會的禮儀規範及道德原則之後，才有可能呼應、並企及大同的境界。而且小康之治也必然會再破裂，而不得不降爲春秋衰世及戰國亂局，期待新的思想家、政治家提出救世方案而重整

秩序，達致再一度的和諧。若不如此解釋，而視大同爲最高境界，下墮而爲小康，而爲春秋衰世……，那麼將視歷史恆爲倒退，人性日趨澆薄而入魑魅魍魎之域，此即魏徵斥責封德彝的議論。〔註 14〕因此船山才說大同、小康是「其術不同，由世之升降，而非帝王之有隆污也。」所謂術之不同，應該是指政權從「禪讓傳賢」變成「世及傳子」，時代由堯舜二帝降及夏商周三王，人心則相應於土地、經濟的開拓而益趨貪婪、詐僞，由是，兵連禍結乃不可避免的趨勢。因此船山析解「城郭溝池以爲固」曰：

> 三代之王知民情之若此，故制世及之法以止亂，不足，又爲之城郭
> 溝池以守之。（《禮記章句・禮運》，頁 538）

王者依世代及民情的升降而調整施政方式及政權移轉方式，而這觀點也是船山不同於其他思想家，只從平面上分析大同下墮而爲小康，甚至質疑大同非孔子之言，亦非儒家思想。故船山感慨言之曰：

> 後之爲註疏者，不能涵泳以得其旨趣，而立大同、小康抑揚之論，
> 以流於老、莊之說，王氏、陳氏遂疑其非先聖之格言，其亦未之察
> 矣。今爲定其錯簡，通其條貫，庶幾大義昭明，而誣謗者其可息與！
> （《禮記章句・禮運》，頁 549）

批評宋儒未能涵泳領會大同、小康的旨趣，只從字面上僵滯地理解妄加誣謗，如陳澔曰：「疑子游門人所記，篇首大同小康說，則非夫子之言」。〔註 15〕又如石梁王氏曰：「以五帝之世爲大同，以禹湯文武周公之世爲小康者，有老氏意，而語又引以實之。」〔註 16〕前者質疑大同小康非孔子言論，後者則疑其爲老莊之言，其實持此論者頗多，如黃震曰：「篇首意匠微似老子。」〔註 17〕清儒姚際恆更武斷地說：「此周秦間子書，老莊之徒所撰。」〔註 18〕這些人同樣都蹈襲了船山所說的未能涵泳文義之弊，值得警惕。

（二）社會實況不同

大同、小康所呈現的社會實況、生活樣貌是極爲不同的。〈禮運〉中又記

〔註14〕司馬光，《資治通鑑》，卷 193，唐紀九貞觀四年，台北，中新書局，1978 年，頁 6084。
〔註15〕參見陳澔，《禮記集說・禮運》，上海古籍出社版，1994 年版。
〔註16〕杭世駿，《續禮記集說》，卷三十九，台北，明文書局，1992 年。
〔註17〕同上註。
〔註18〕同上註。

載「大同」是：

> 故人不獨親其親，不獨子其子，使老有所終，壯有所用，幼有所長，
> 矜寡孤獨廢疾者皆有所養，男有分，女有歸，貨惡其棄於地也，不
> 必藏於己，力惡其不出於身也，不必爲己。是故謀閉而不興，盜竊
> 亂賊而不作。

「小康」是：

> 禮義以爲紀，以正君臣，以篤父子，以睦兄弟，以和夫婦，以設制
> 度，以立田里。禹、湯、文、武、成王、周公，由此其選也，此六
> 君子者，未有不謹於禮者也。以著其義，以考其信，著有過，刑仁
> 講讓，示民有常。（《禮記章句‧禮運》，頁 539）

大同世界係寄寓於遠古純樸社會的實景，但內涵已不同。只是借來象徵理想
的社會，已打破家庭的藩籬，人人互相親愛，人人各得其所，心身皆有安頓
及歸屬感。在經濟資源上是共有共享，唯須注意此理想政治境界，並無法依
靠外在政治力量來強制達成，而只能是每一個體皆能通曉禮意，而且仁心良
知毫無隱曲地充盡實現。如孟子所言，「盡其心者，知其性也；知其性，則知
天矣。」〔註 19〕是純指一理想境地，而在現實上人是不得不作「存其心，養
其性，所以事天也，殀壽不貳，修身以俟之，所以立命也。」〔註 20〕的道德
實踐工夫。〔註 21〕故大同世界之人心是「故謀閉而不興，盜竊亂賊而不作。」
而小康不得不是「謀用是作，而兵由此起。」

因此，如實而言，大同寄寓一理想象徵，是一永恆奔赴的目標，小康禮
治揭示一實際作爲方法，必須兩者合看才是儒學全貌，此猶如前述孟子所言
「盡心知性知天」、「存心養性事天」及「脩身立命」須同時進行，否則，僅
看重前段理想境地而忽視後段現實踐履部分，是會被誤解爲老莊之說的。故
應正視小康之治的價值並不下於大同，必須如實面對君臣父子夫婦兄弟的倫
常關係，定出綱紀規範，給予每一個體彼此通流的正常軌道，禮文儀節器物
（宮室、車服、上下之等）及土地規劃（指田里井疆之制）的設計執行，使
人的物質欲求和情感表達，在實際上得到安排及照應。是故，小康六君子乃

〔註 19〕《孟子‧盡心上》。

〔註 20〕同上註。

〔註 21〕盡心知性知天，存心養性事天，殀壽不貳修身以俟，據牟宗三先生之說法，
　　　　三層都是工夫。

是德行最優異的代表人物，例如船山曰：「言成王者，周公制禮而成王行之也。」（《禮記章句・卷九、禮運》），並探討其中的道德原則：

1. 倫理政治方面

船山解「禮義以為紀」言：

> 義者，禮之質；禮者，義之實。（《禮記章句・禮運》）

意謂義是禮的內在實質，而禮是義的外顯落實。船山又曰：

> 君臣、父子、兄弟、夫婦、制度、井疆，皆待禮義以行於天下，強者干犯之而弱者不能自盡，故聖人為修明之。（《禮記章句・禮運》，頁 539）

因此「禮義」兼賅文質內外，實即仁、禮兩端一致的辯證作用，足以行之天下而修明政教，使人倫社會經濟政治各方面均有所成就，借以安定群生。

2. 在禮、義、信、仁、讓等道德原則方面

（1）船山解小康「著其義」曰：

> 義者，禮之精意。著，謂表著其所以然之理而顯之於事，使民喻之也。（《禮記章句・禮運》，頁 539）

說明義是禮的精意，即事行而說明其中所以然之理，而點出「即事見理」、「理事合一」的意蘊。

（2）船山解「考其信」曰：

> 考，驗也。信，果能之也。謂驗其有禮，則知其果有德行。（《禮記章句・禮運》）

特重言行相符，知行合一的效驗。

（3）船山解「著有過」曰：

> 著，表暴之也。立禮為則，有失自見，不能由禮者，則知其不肖也。（《禮記章句・禮運》）

在道理的是非對錯上，善惡立辨，忠奸立判，不容有假借疑似之處。

（4）船山解「刑仁講讓，示民有常」曰：

> 刑，則也，謂仁藏於中而禮顯其型則也。講，發揮之義。仁讓有常，大道之歸而禮之本也。以禮體之，使民有所率循而行於大道者也。（《禮記章句・禮運》，頁 539～40）

發揮禮以仁為根本，及執行上謙讓沖和以為人民表率，造成和諧的社會氛圍。

（三）成效不同

大同的理想社會是「故外戶而不閉」，而小康則必須在禮義的綱紀下求其實現，否則「如有不由此者，在勢者去，眾以爲殃。」因此，寧可將大同視爲儒者的最高政治理想，象徵仁心完全通流的世界，雖未言及禮，而「禮意」完全通貫其間，達到「無體之禮」的境界。如孟子所言的至高境界是「其生色也，睟然見於面，盎於背，施於四體，四體不言而喻」〔註22〕以及「上下與天地同流」的境界。由是，大同只可高懸爲永恆的判準，而具體實現的修養工夫及政教措施、社會規範的步驟方法，乃必然且唯一能經由小康的「禮義以爲紀」等實質內容求得實現。綜合上文可知：

1. 大同之世，人人情意洽浹，上下無嫌，民有餘心餘力。故船山解「大同」之義爲：「上下同於禮意」，解「小康」之義爲「康，安也，民不能康而上康之。」意謂小康之時，人民已無法憑自力安頓自我，必須由當政者在倫理、社會、政治、經濟上設計一套人人遵循的軌範，而使其各得其所，相安無事。

2. 大同、小康實爲一體兩面，分別寄寓政治的理想境界，及現實應有的作爲。故船山總結曰：

   > 此上十節，皆言大道之行，三代之英，相爲表裏，所以齊天下而共由於道，其繼起爲功而不可廢者有如此。（《禮記章句・禮運》，頁540）

特別標明小康是繼起有功，即是在強調禮治的重要性。吾人可從《論語》中孔子以知禮著稱，入太廟每事問，並常言夢見周公及稱美周公所制定的郁郁乎周文，可知小康的世代及禮義治政的方法尤不可輕忽。而大同當係寄託堯舜時代無爲而治的境地。如曰：

> 無爲而治者，其舜也與，夫何爲哉？恭己正南面而已矣。〔註23〕
>
> 政者正也，子帥以正，孰敢不正。〔註24〕
>
> 博施於民而能濟眾，何如……堯舜其猶病諸。〔註25〕

「大同、小康」的涵義，從上述可知二者並重，互爲表裏，在《論語》、《孟子》

〔註22〕《孟子・盡心上》
〔註23〕《論語・衛靈公》
〔註24〕《論語・顏淵》
〔註25〕《論語・雍也》

等經典中都可分別找到理論的依據，不宜對二者分別有所抑揚，或質疑其爲道家說法。尤其〈禮運〉篇首孔子所感嘆的魯君僭設兩觀之越禮行爲，在春秋亂世是屢見不鮮的，諸侯大夫競相僭禮，簒弒頻仍，則禮已薄，亂已繁，當政者乃不得不以嚴刑峻法繼之，唯其中尤須有道德理想的提撕覺醒，才不致使歷史永遠沈淪入黑暗無明，此即孔子孟子關懷的重點所在，亦唯有寄託將來的世代可以剝極而復，重振人性光明及道德理想。故船山曾曰：「情爲至，文次之，法爲下。」〔註26〕可謂相當於大同、小康及春秋衰世的不同作爲。

二、天道人情爲孔子敘論〈禮運〉的綱領

在〈禮運〉原文，孔子說完大同、小康之義後，又載：

> 言偃又問：「如此乎，禮之急也？」孔子曰：「夫禮，先王以承天之
> 道，以治人之情，故失之者死，得之者生。」（《禮記章句·禮運》）

說明禮之制定是順承天道化育萬物的生生之德，及賦予人之良知善性，藉以治理政經社會倫理生活中，人人的道德偏差與情感的放逸失衡，故將禮視爲生死存亡的關鍵，並無不當。故船山注解曰：

> 天之道，順也；人之情，和也。理順則氣亦順，情和則體亦和，失之
> 而生，幸而免爾。此甚言禮之爲急也。按天道人情乃一篇之大指，蓋
> 所謂大道者，即天道之流行，而人情之治忽則同異康危之所自分，斯
> 以爲禮之所自運而運行於天下者也。（《禮記章句·禮運》，頁540～1）

指出「天道人情」是〈禮運〉全文的主眼及意旨所在，並點出〈禮運〉篇名涵義。因爲天道即是人心良知之天賦，也是禮意所在，此乃人類文明始制之後即寓於歷史文化中以自運行者，且爲人道尊嚴異於禽獸之所在。故文中意旨之一，說明天道人情乃相養相成，順天道之理則，天命之良知下貫而言，則氣無不順，指的是現實存在的人性表現皆能恰當中節，反之亦然，故人情和順也表示天道之和順。因此呼應上節文字，大同境界即是天道流行、禮意洽浹、人情和善的世界，故若不能善加引導人情，即不能達致大同、小康之境，而有時局異變危殆的情況產生。其次，孔子又說明禮在政治社會上的實質功能：

> 是故夫禮，必本於天，殽於地，列於鬼神，達於喪祭射御冠昏朝聘，
> 故聖人以禮示之，故天下國家可得而正也。（《禮記章句·禮運》）

〔註26〕《詩廣傳·卷一·論鵲巢》，收於《船山全書》第三冊，頁307。亦可參考陳
　　　　章錫，《王船山詩廣傳義理疏解》，臺灣師大國文研究所碩士論文，1985年。

延續上文具象地探討禮的本質及其在政治社會的教育功能，也說明禮是根據天地的知能，參考鬼神的效用，運用於政治社會生活的各種場合，而制定生命禮儀，以教導人民參與各項政治活動，而參與於歷史文明的創造。船山曰：

> 本者，原其理之所自出也。殺，效也。地載萬物，各得其所，禮之所取則也。易曰：「禮卑法地」。列，猶參耦也。謂此理之屈伸變化，體物不遺，明則爲禮樂，幽則爲鬼神，參耦並建而成用也。達者，有本而推行皆通之謂。示之，謂教民也。（《禮記章句‧禮運》，頁541）

從本體宇宙論上說明禮係效法自然世界的法則，此在中國經典上以《易經》最能闡發其意旨，船山雖言「乾坤並建」，但剋就「禮」而言，毋寧是效法地道的，故曰：「禮，卑法地。」因爲大地承載萬物，使萬物各得其所，相較於天理良心，天德良知之側重道德方向的正確，地道則體現了道德事業的全幅展現，故禮乃是即一一民物均予以安頓，並賦予其道德價值。如〈中庸〉所言：「致中和，天地位焉，萬物育焉。」「能盡人之性，則能盡物之性；能盡物之性，則可以贊天地之化育；可以贊天地之化育，則可以與天地參矣。」〔註27〕此即船山「乾坤並建」之旨所蘊含的本必貫於末，「本大而末亦不小」之義旨，而相較於明之禮樂，則「幽則爲鬼神」應是在形容禮樂實現在政治上時，神奇廣遠的功效。故船山總結前文曰：

> 推上文之意而言三代聖王所以必謹於禮，非徒爲撥亂反治之權，實以天道人情、中和化育之德皆於禮顯之，故與生死之故、鬼神之情狀合其體撰，所以措之無不宜，施之無不正，雖當大道既隱之世，而天理不亡於人者，藉此也。夫既合撰天地而爲生死與俱之理，則自有生民以來，洋溢充滿於兩間而爲生人之紀，大同之世未之有減，而三代亦莫之增也。則三代之英與大道之行，又豈容軒輊於其間哉！
>
> （《禮記章句‧禮運》，頁541）

這強調謹守禮儀並非只是一時權宜之用，而是因爲經由禮，不但可以發揚人性，呈現人性價值，安定政治社會的秩序，更因禮的制定符合於宇宙人生的真理，並且禮文所構造的道德事業形成人類歷史文明的豐富內涵，可以說，禮是人類道德文明的綱紀所在，雖然大道已隱昧，人情益趨澆薄，但是天理猶潛藏於禮文制度之中潛運其用。故孔子曾言：「夷狄之有君，不如諸夏之

〔註27〕《中庸章句》第一章，第二十二章。

亡也。」〔註28〕實亦此意，而孟子也強調人禽之辨。因此，自生民脫離禽獸的行列以來，禮即與文明俱始，大同、小康之世皆是如此，若說有所不同，則是大同之時，上下皆涵泳浸潤於「禮意」之中，而小康之時則是上位者用「禮文」的儀文綱紀來教育人民，促進其實現罷了。正可呼應上節所言，大同小康乃一體兩面之義。

三、禮之始源及其發展

〈禮運〉又記載：

> 言偃復問曰：「夫子之極言禮也，可得而聞與？」孔子曰：「我欲觀夏道，是故之杞，而不足徵也，吾得夏時焉。我欲觀殷道，是故之宋，而不足徵也，吾得坤、乾焉。坤、乾之義，夏時之等，吾以是觀之。（《禮記章句·禮運》）

孔子既盛稱禮為天道人情的極致，言偃仍想追問禮運行於歷史中的終始過程。孔子則從夏、商二代可徵考者得到夏時的歷法和商代的坤、乾之義。船山曰：

> 夏時，夏治歷以授民時之書。坤、乾，殷《易》、《歸藏》首坤次乾。今其書皆亡。世傳有夏小正者，乃戰國時人所為，非孔子所得之舊文也。於夏時、坤乾而得禮意者，所謂「承天道以治人情」也。韓起見《易象》與《春秋》，而曰「周禮在魯」，亦此意與！天之時、地之義為先王制禮之本原，則三代之英載大道之公以行，益可見矣。
>
> （《禮記章句·禮運》，頁542）

呼應前文所說，禮係效法自然世界的法則而創製，例如：夏、商二代分別從天之四時和地之歸藏掌握禮意，而有夏曆和殷易的產生。是以船山指點出「承天道以治人情」就是禮意所在，因為三代王者（小康六君子）順承天道（兼含天、地）的理則，製作禮文的用意，即在於治理人情，安定政治社會秩序，仍是根據大同之世堯、舜二帝安治天下的公心，所以船山才贊嘆說：「天之時，地之義為先王制禮之本原，則三代之英載大道之公以行，益可見矣。」不但呼應船山所言大同、小康為一體兩面的觀點，而且天時地義與人的天德良知同為天理所出，即是禮意所在，也是建立禮文的根據。因此，最後船山解孔子所言末句「吾以是觀之」之意為：「觀其承天治人，通大道為公之意而建之為禮。」其義旨已明白若揭。

〔註28〕《論語·八佾》。

四、禮之所自始，實創於大同之世

（一）報本反始之情始於修火及宮室衣食之制作

> 昔者先王未有宮室，冬則居營窟，夏則居橧巢；未有火化，食草木
> 之實、鳥獸之肉，飲其血、茹其毛；未有麻絲，衣其羽皮。後聖有
> 作，然後修火之利，范金，合土，以爲臺榭宮室牖戶；以炮以燔，
> 以亨以炙，以爲醴酪；治其麻絲，以爲布帛，以養生送死；以事鬼
> 神上帝，皆從其朔。（《禮記章句・禮運》）

從對比手法指出火的發現利用，是由草昧進入文明的關鍵起點。其後有宮室
衣食等人文制作，此時制作者之仁心已寓於其中，開顯天道，利導人情，安
排人群生活以別於禽獸，且知感恩天地鬼神。此中已產生養生送死的生命禮
儀及事奉鬼神上帝的宗教禮儀。船山評曰：

> 此言上古五行之用未修，天之道未顯，人之情未得，至於後聖之作，
> 因天之化，盡人之能，宮室衣食各創其制，人乃別於禽獸，而報本
> 反始之情，自油然以生而各有所致。此禮之所自始，非三代之增加，
> 實創於大同之世也。（《禮記章句・禮運》，頁 543）

後聖藉由天地所產萬物肇修五行之用，開發人性知能，以樹立人道尊嚴、呈
現道德價值，後人感恩之餘，溯源以安頓報本反始的宗教情懷，並形成歷史
意識，皆屬人情報施之常，因此喪、祭之禮其源甚早，實即創於大同之世，
具體表現在養生送死的實際生活之中，並非三代小康之世才有。下文〈禮運〉
又續論喪葬禮之起源。

（二）推究喪葬典禮之起源

> 及其死也，升屋而號，告曰「皋某復」，然後飯腥而苴熟，故天望而
> 地藏也。體魄則降，知氣在上，故死者北首，生者南鄉，皆從其初。

船山解其義曰：

> 此節就喪禮而言禮之始制，其道雖質，而原於本始之理，則自然有
> 其秩敘而不妄，三代之英亦循是而修飾之爾。觀此所言陰陽生死之
> 義，則夏時、坤乾爲二代禮意之所存，亦可思矣。（《禮記章句・禮
> 運》，頁 544）

指點出喪禮來源甚早，合於天道秩敘與人情所安。三代王者制禮只是循此招
魂及喪葬古禮予以修飾，從中可見歷史傳承中因革損益之義。〈禮運〉於下節

又推論祭禮起源。

（三）祭禮之起源及發展

> 夫禮之初，始諸飲食，其燔黍捭豚，汙尊而抔飲，蕢桴而土鼓，猶
> 若可以致其敬於鬼神。（《禮記章句・禮運》）

其中值得注意的是「蕢桴而土鼓」已是音樂的原始表達型態，配合最原始的祭禮，偕同表達致敬鬼神之意。船山解此節義理曰：

> 此節言自後聖修火政以來，民知飲食則已知祭祀之禮，致敬於鬼
> 神，一皆天道人情之所不容已，其所從來者遠，非三代之始制也。
> 自此以下，乃推三代之禮皆緣此以興，而莫不唯其初朔之是從焉。
> 前言禮達於喪、祭、冠、昏、射、御、觀、問，而此下專言祭者，
> 以吉禮爲凶、賓、軍、嘉之本。」（《禮記章句・禮運》，頁 545）

後聖修火政是文明發端的關鍵，而飲食安定有常，使人民感恩而知報本之時，祭祀之禮致敬鬼神之事即此而在。雖然所用祭品及音樂極其簡單樸質，卻無礙於其禮敬之表達，因此被推測是後代禮樂制度的濫觴。於是〈禮運〉於再下一節又探討祭禮的完備型態曰：

> 故玄酒在室，醴醆在戶，粢醍在堂，澄酒在下，陳其犧牲，備其鼎
> 俎，列其琴、瑟、管、磬、鐘、鼓，修其祝嘏，以降上神與其先祖，
> 以正君臣，以篤父子，以睦兄弟，以齊上下，夫婦有所，是謂承天
> 之祐。（《禮記章句・禮運》）

船山釋其義曰：

> 祐，福也。天以其道陰騭下民，彝倫攸敘，而善承之以盡人道之大
> 順，斯以爲備福也。此節備舉三代祭祀之禮，儀文事義之盛，而其
> 所自始，一沿夫上古飲食致敬之意，推廣行之，而天道人情皆得焉，
> 蓋亦莫不從其朔初也。（《禮記章句・禮運》，頁 546）

首先，四種酒類中因玄酒是上古所飲，用於最尊重的典禮位置。其次，「祝」是主人饗神之辭，「嘏」是尸酢主人已，摶黍致福而祝爲之辭。祝嘏爲的是溝通上神與先祖，指禘祫大祖及所自出之帝，以至祖禰，從中可看出宗教意識係經由孝道所延伸。第三，宗教祭祀中也兼有倫理政治功能，船山即認爲「正君臣」是君率臣民以事其祖考，「篤父子」是報答本始之義，「睦兄弟」指同一宗族合昭穆於廟中。「齊上下」是可以界定異姓尊卑之位。「夫婦有所」

是君在阼，夫人在房，獻薦交錯而有別也。而綜合上述可見儀文事義之繁盛，
而都是源本於上古飲食致敬之意，合乎天道人情的發用。

（四）「禮」縱貫運行於歷史之中

從篇首大同章至此可以看出船山藉〈禮運〉表達一套對歷史文化因革損
益的觀點，他說：

> 總結上文，禮因時向盛，而原委初終，實相因而立，則古今初無異
> 致，斯三代之所以反斯世於大道之公。若其精義之存，一以天道人
> 情爲端，質文遞變，與時偕行，而順承天者，固可以《夏時》、《坤
> 乾》而得其斟酌損益之由矣。（《禮記章句‧禮運》，頁548）

禮的內容即是歷史文化，禮之誕生與飲食文明俱始，其後有葬祭典禮的形成，
表達對天地先祖的感恩敬慕之意。人情得因飲食而開顯了天道的內容，因此
「承天道以治人情」就成爲了解歷史文化發展的關鍵內容，而禮制雖由質樸
進至燦然美盛，而大同之世禮儀始制的仁心與誠敬之意，下逮小康之世仍須
永恆持守弗諼，此則古今並無二致。最後，船山總結上述第一整章的義理說：

> 此章問答，反覆申明三代制禮之精英，自火化熟食以來，人情所至，
> 則天道開焉。故導其美利，防其險詐，誠先王合天順人之大用，而爲
> 意深遠，非徒具其文而無其實，以見後之行禮者，苟修文具而又或踰
> 越也，則不能承天之祜，而天下國家無由而正矣。其曰「禮始於飲食」，
> 則見人情之不容已，其曰「承天之祜」，則見天道之不可誣，自生民
> 以來莫之或易者，亦旣深切著明矣。（《禮記章句‧禮運》，頁548）

歷史文化的發展過程中，變質爲文，以今易古，由大同降至小康，人心由淳樸
轉趨澆薄，尤須注意「導其美利，防其險詐」，因人情好逸惡勞，樂生厭死，在
物質生活上尋求豐盛美備，在精神生命上仍須時時提醒回應文明初始時，致敬
於天地鬼神的眞誠心意，這是宗教儀式可以收斂精神，摶合家族國族，端正倫
理政治的莫大功能。此端賴當政君子能先正己而後正人，故本文篇首孔子大同
小康之論，實因參加蜡祭之後，出游觀上，慨嘆魯君僭禮而起，可見通觀歷史
文化的因革損益，復須知禮文背後實有禮意之運行，在變化的現象中，有不變
的因素在。因此，唐君毅先生即據此義申述〈禮運〉篇名的內涵說：

> 人之敬鬼神之禮，原與人之飲食俱始，以見此禮之「本」與人類之
> 歷史俱始，亦與人之以飲食自求生存于天地之事俱始者也。知此禮

之與人類之歷史、人之自求生存于天地之事俱始，則知人之歷史與
其生存于天地，即永不能無此禮，而知此禮之爲縱貫的運行于人之
歷史之中，人之歷史皆禮之所運。斯可以論「禮之運」矣。〔註29〕
從文中意旨仍可看出是根據船山之見解予以發揮，蓋禮之內涵意義實即是
「敬」之德，人類自發明火化而開始了飲食文明，且因生存條件安定周備之
故，乃能專心致力於理想的追尋與實現，感到樂生之趣，並與天地萬物通郵，
藉此掌握到生命的意義。

　　要言之，此致敬於鬼神以表達感恩之意的方式，是最眞誠、最爲原始質
樸的感情，也是禮儀的根本，故可斷言人類歷史皆禮之所運，其所自運者即
是此內在根本的敬意。

第三節　〈禮運〉的政治哲學

一、禮之所由亡，僭爲其大端

（一）僭禮是世衰道微的根本原因

　　〈禮運〉第二段說明：僭禮是世衰道微的根本原因，在文中又載孔子慨
嘆魯君之僭禮，孔子曰：

　　　　嗚呼哀哉！我觀周道，幽、厲傷之。吾舍魯何適矣！魯之郊禘非禮
　　　　也，周公其衰矣。杞之郊也，禹也；宋之郊也，契也；是天子之事
　　　　守也。（《禮記章句・禮運》）

前一章提出魯僭設兩觀爲非禮，此章又從魯之行郊禘爲非禮著眼，因郊禘仍
須先世有天下而行天子之事，故後王嗣續之，杞、宋乃夏、商之後，可以行
郊禘之禮，魯國爲諸侯則不可行。析言之，魯之僭禮，又肇因於幽、厲二王
的失道。船山評釋曰：

　　　　此一節孔子之言，記者因前章歎魯之說未及發明，故引夫子他日之
　　　　言以證之。周自厲王無道，流死於彘，畿內大亂，幽王承之，遂喪
　　　　宗周，故老絕，版章沒，幾與杞、宋之無徵等。魯秉周禮，而社稷
　　　　安存，文獻足考，可以徵禮，然因成王過賜，遂習於僭，名實不稱，
　　　　事多錯亂，與周公制禮之意殊相背戾，而盛德不彰，故夫子深歎

〔註29〕唐君毅，《中國哲學原論・原道篇・卷二》，臺北，學生書局，頁100。

> 之。……夫子觀蜡之歎亦不徒以其僭，乃非僭而不能由禮者有矣，
> 未有僭而能合乎禮者也。飾其所本無而爲之文，則誠意自不足以相
> 及，而望其達乎先王承天治人之精意，不可得矣。故禮之所由亡，
> 僭爲其大端也。（《禮記章句‧禮運》，頁549）

幽、厲敗亡之後，周禮已散佚，幸有魯國仍秉周禮，尚有可爲，惜因成王過賜，致魯國習於僭禮，故夫子雖欲恢復周禮，必先糾正僭禮之弊端，故船山點出其中關鍵曰：「未有僭而能合乎禮者也。」船山所敘論的內容乃可與《論語》中孔子的正名思想相對照，而《春秋》中「寓褒貶、別善惡」也多從僭禮上著眼。僭越失禮的因素在於當政者未能深切了解禮文的主要內涵，是先王承天道治人情的精意，卻著眼於禮文外在形式的演飾誇耀，愈演愈烈，終而導致戰國爭戰之局，實皆咎由自取。孔子對魯國原是抱著極大期望的，因爲周禮的文獻仍足可考徵，故曰：「吾從周」。但魯國後世君主習於僭禮、有文無誠，早已違離周公制禮之意，令人慨歎！

（二）「天子祭天地，諸侯祭社稷」是禮法的大綱

〈禮運〉又謂祭祀應各守份位，誠意在中，其云：

> 故天子祭天地，諸侯祭社稷，祝嘏莫敢易其常古，是謂大假。

船山釋曰：

> 自此以下，皆記者推夫子之言而明禮不可僭之意。……假，至也，
> 謂禮法之大綱，至極而不可易者也。「聖人之大寶曰位」，天尊地卑，
> 上下定而精理奠焉，故位之所在，德之所及，則誠足以至之，祭各
> 有分而不可踰也。（《禮記章句‧禮運》，頁550）

前節由負面申說，此節則從正面申說天子祭天地，諸侯祭社稷，是禮法的大綱，各從其分際，不可改易。理想的聖人在位爲政，必定是他內在的德性實有其誠意，故能謹守祭禮中應盡之職責。而注意尊卑上下名分等級應守的秩敘，則是當政者修身正己，作爲楷模而後可，否則僭禮越份導致上行下效，國家將永無寧日。〈禮運〉後文又逐一舉例說明諸侯、大夫的僭越，不再贅述。

〈禮運〉下文又提到制度的重要：

> 故天子有田以處其子孫，諸侯有國以處其子孫，大夫有采以處其子
> 孫，是謂制度。（《禮記章句‧禮運》）

呼應小康之治，「以設制度，以立田里」之義，船山釋曰：

> 上言諸侯大夫相習於僭以極於亂，自此以下三節則推本言之，謂謹
> 制度修禮法當自天子始，天子正而後諸侯正，諸侯正而後大夫莫敢
> 不正。反是，則亂之始也。（《禮記章句·禮運》，頁552）

仍是依據孔子「正己而後正人」（子路）的正名思想，「其身正，不令而行；其身不正，雖令不從。」（子路）強調良好政治的根本關鍵要從天子先樹立道德典範，謹守制度，修訂禮法，由上至下澈底推行，如孔子所說「爲政以德，譬如北辰，居其所而眾星拱之。」〔註30〕自可鳴琴垂拱，以簡御繁。

二、有禮之政，政即禮

（一）禮為君之大柄

歸根究底，從正面申說，禮可謂是國君最重要的憑藉，禮治才是政治的核心原則，因此〈禮運〉曰：

> 是故禮者，君之大柄也，所以別嫌明微，儐鬼神，考制度，別仁義，
> 所以治政安君也。……故政者，君之所以藏身也。（《禮記章句·禮
> 運》）

從政治上說明禮的功用有四，而可成爲國君最重要的憑藉，使其安身無虞。一是區別尊卑上下的名份，使社會倫常、人際關係不相紊亂。二是祭祀鬼神，溝通天人上下幽明內外爲一體，使人能致其誠敬，安定心靈。三是考訂制度，確立客觀社會秩序以安排民眾生活軌道，使其有準則可循。四是仁心良知循適當管道充盡實現，「我欲仁，斯仁至矣」，由近及遠，及物潤物，而實現仁義之道。船山釋此段之義曰：

> 承上文而言臣之僭君皆因於君之失正，而君之所以自正而正人者則
> 唯禮而已矣。禮所以治政，而有禮之政，政即禮也。故或言政，或
> 言禮，其實一也。禮以自正而正人，則政治而君安，不待刑而自
> 服。……記者因夫子歎魯之事，而推亂之所自生，本於天子之失正，
> 乃反復推明先王制治未亂保邦未危之道，一唯齊民以禮而不以刑，
> 與前章夫子極言禮之意相爲發明。（《禮記章句·禮運》，頁553）

效法先王以「禮」規定「政」的內容，才能政治而君安，以德昭人，呼應夫子以禮齊民之意，故文中更直言理想的政治中，政與禮實質上是相同的。唯有人

〔註30〕《論語·爲政》。

君從自我修行德養出發，才是上下相安的保證，反之若以刑法立國，則「雜霸之術，所以爲上下交病之道也。」而此二者之對比如同《論語‧爲政篇》所言：「道之以政，齊之以刑，民免而無恥；道之以德，齊之以禮，有恥且格。」根本的差別即在於仁政能夠激發人性自我覺悟，自我反省的能力罷了。

（二）政必本於天、效於地

理想的政治型態即是以禮治國，並且有其形上基礎，此即順天應人，寓託神道以設立教化之意，故〈禮運〉又曰：

> 是故夫政，必本於天，殽以降命，命降於地之謂殽地，降於祖廟之謂仁義，降於山川之謂興作，降於五祀之謂制度，此聖人所以藏身之固也。故聖人參於天地，並於鬼神，以治政也。（《禮記章句‧禮運》，頁 553～4）

簡言之，即是從自然秩序中擷取治政的原則，並對人力所不可及不可知的部分，表達基本的尊重及謙讓，使得人在天地間知道如何安放自己的位置，既「祭神如神在」，又「敬鬼神而遠之」。在政治上則相應地分配由天子及各級貴族分工祭祀天地、山川、五祀、祖先，如此自可在天地間安置自身，如魚游水中，安適自得，於此船山釋義曰：

> 本者，本其道。殽者，效其法。降命者，播而旁及於鬼神之等，因以定人神之秩敘也。承上文而言禮所以治政安君，故政之所自立，必原於禮之所自生。禮本於天，殽於地，列於鬼神，莫不有自然之理，而高卑奠位，秩敘章焉。得其理以順其序，則鬼神以之儐，制度以之考，仁義以之別矣。……禮之既立，政即行焉。結上文。（《禮記章句‧禮運》，頁 553～4）

前節既云有禮之政，政即禮，因此政即與禮同原於天地，並與鬼神通郵，而有其形上根據。此即藏天下於天下，而非藏天下於一家或一身，原本天地萬物的秩序而自然合度，人民得以安定生活，政治乃穩定而不失常道。〈禮運〉又續曰：

> 處其所存，體之序也。玩其所樂，民之治也。

四句話分別就「承天」與「治人」二端，說明道德秩序與道德事業之相需相成。前者言唯人能依據天地之尊卑與鬼神之合散，體悟其中原則以制定人間禮儀秩序。後者觀察此禮儀秩序能依人情所安而普遍實施，發揮於道德事業，達到施政治民的成效。故船山評述此節曰：

> 此又承上節而申明之，言聖人參天地、並鬼神以達於禮而立政者，
> 莫不因其實理之固然，條理之不昧者而效法之也。禮，體也；政，
> 用也。體用合一，而皆承天以治人，則禮之不可已而爲治亂之大司
> 明矣。（《禮記章句・禮運》，頁556）

總之，禮之制定須根據天地萬物的秩序而自然合度，落實在政治施行層面順承天道以疏導人情，則人民自有安全和順的生活，禮之等級與治之成效，適爲承天、治人之體用二端，成爲政治成功的關鍵。

三、君者立於無過之地

〈禮運〉曰：

> 故天生時而地生財，人其父生而師教之，四者君以正用之。故君者
> 立於無過之地也。（《禮記章句・禮運》，頁556）

既從自然的天時地材，說明人既在物質生命層面得到滋養潤化，同時也在倫常生活及社會人文等精神層面得到教導裁成，落實到政治上，綜言之則可說理想的最高政治領導人，乃是聖、王一體，兼有「天時、地財、父生、師教」等四種重責大任，藉以安定群生，使其形質日以長養，神性日以滋潤。故船山注此段云：

> 生時，謂氣之變合而陰陽以成乎風雨寒暑者也。正用，謂裁成之也。
> 人君授時理財，生遂而教訓之，兼天地父師之任以君民上，必自處
> 於無過之地而後能盡其職，禮所以爲天下寡過者也。（《禮記章句・
> 禮運》，頁556～7）

「天地君親師」五者之中，君實居於樞紐之地位，須對其它四者加以裁成其作用。此即所謂「授時、理財、生遂、教訓」之意。亦呼應前文「行夏之時，殷之輅，周之冕。」此三代王者治世之精意，自可待於後王給予總體成就，而有粲然美備的禮樂文化。〈禮運〉又云：

> 故君者，所明也，非明人者也；君者，所養也，非養人者也；君者，
> 所事也，非事人者也。故君明人則有過，養人則不足，事人則失位。
> 故百姓則君，以自治也；養君，以自安也；事君，以自顯也。故禮
> 達而分定，故人皆愛其死而患其生。故用人之知去其詐，用人之勇
> 去其怒，用人之仁去其貪。故國有患，君死社稷謂之義，大夫死宗
> 廟謂之變。（《禮記章句・禮運》，頁557）

主張君王當爲人民所明、所養、所事，亦即在制禮立政、貢賦、分職任功三方面，國君要掌握主導權，國君正己而後才能上行下效，人民知道自覺自正，以符合國法公益。如孔子所說「無爲而治者，其舜也與」。及「爲政以德，譬如北辰，居其所而衆星拱之」。〔註31〕此船山曰：

> 所明，謂制禮立政而人就之以知從違。明人，決從違於人也。……
> 法制明於上而百姓則之，故人皆恃君以寡過，故養君乃以自安，而
> 事君乃能自顯。修明於上而下皆則之者，唯禮而已矣。(《禮記章句‧
> 禮運》，頁 557）

其中要領唯在於國君能「制禮立政」，既有內聖修養，又能在施政上掌握自主權，「導之以德，齊之以禮」，仁、禮兩端相涵共進，則有禮達分定之效益，名正言順，禮樂興辦。故船山又曰：

> 禮達，則民明於則以自治，分定，則奉養服事之不敢後，雖驅之危
> 亡之地，而無畏死貪生之情矣。此禮所以爲君之大柄，不待刑肅而
> 民自服也。(《禮記章句‧禮運》)

呼應前節「禮爲君之大柄」之義，行文結構謹嚴，由此處可以澈知船山透視原典的精微洞見，且有全體義理之掌握，或許有人會質疑船山比之清初大儒黃宗羲，仍有士大夫立場，未能正視君主專制之弊。當然上述所說是古代君主專政之恰當作爲，施之當今民主時代，或許有其局限，但以德、禮治國，刑期無刑的基本原則仍適用於方今。藉《禮記》所言，質諸明、清之統治者尚可謂之爲對症下藥之建言。〈禮運〉乃又提出國君應啓導人性中「知、仁、勇」三德以遠離氣質中欺詐、怨怒、貪得等偏頗之情僞，此亦克己復禮之意。於此，船山注曰：

> 禮以爲大閑，則人無不可用之材，而皆變化其氣質之偏，君之所以
> 立於無過之地，以爲天下寡過者也。(《禮記章句‧禮運》)

此能表顯儒家思想特色，「禮爲體，法爲用」，因禮係蘊含「仁、禮」二端互動相涵之禮，故人人皆有其自覺而可自我修省，變化氣質，以期成人人均爲富有德養之君子的大同世界也。如〈大學〉所云：「古之欲明明德於天下者，先治其國，……先致其知，致知在格物。」欲成就外王之事業，仍須溯其源於內聖之學。於是船山總結上述文字曰：

> 此上六節，既以申明禮爲君柄之旨，而反覆推明人君秉禮以治人之

〔註31〕《論語‧衛靈公》,《論語‧爲政》。

道，則又起下三節以禮治人情之意。蓋自「是故夫政」以下八節，
皆言禮以承天之道，而此下三節則以言禮以治人之情，皆以發明第
一章夫子所言之義。（《禮記章句・禮運》，頁 558）

禮既綰合天道、人情，實即仁、禮二端的辯證互動融合，落在實際政治中的
運用，是故禮乃成爲施政者的最佳憑藉，既能以之秉承天道，又足以之安頓
社會人生，得到莫大的效益。

四、合禮義以治人情的宗教文化觀

〈禮運〉又常以「禮、義」二者之運用或連貫二者之意，合以論證其治
理人情之實效。〈禮運〉曰：

禮義以爲器，故事行有考也。人情以爲田，故人以爲奧也。……
故自郊、社、祖廟、山川、五祀，義之修而禮之藏也。
是故禮必本於大一，分而爲天地，轉而爲陰陽，變而爲四時，列而
爲鬼神，其降曰命，其官於天也。（頁 566～570）
聖王修義之柄，禮之序，以治人情。（頁 572）
禮也者，義之實也，協諸義而協，則禮雖先王未之有，可以義起也。
義者，藝之分，仁之節也。協於藝，講於仁，得之者強。仁者，義
之本也，順之體也，得之者尊。（《禮記章句・禮運》，頁 572～3）

〈禮運〉的價值是較著重外王層面的，以人情爲起點，延伸至各種人際關係，
重視不同人之間交往溝通的恰當作爲，講究誠信和睦。另外也肯定祭祀典禮
及政治制度之有其客觀存在意義及教化功能，即因禮能發揚人性的美善（才
質之美及性靈之善），透過郊、社、祖廟、五祀等禮儀，以宇宙天地山川萬物
作爲對象，修明禮義而蘊藏之於禮制之中。乃重在從精神層面、宗教意識的
層次，溝通天人之間的情意。

其次，禮的最高形上根據是大一，係通過天地陰陽四時等自然規律，落
實於各種生命禮儀。再者，「聖王修義之柄，禮之序，以治人情。」因義爲心
物交接之際制衡的權柄，而禮則爲呈顯在外之規條，合言之禮義，則可承天
之道，治人之情。禮須緣義而起，而義由學而精熟，其原則又依仁心而立。
因此，王船山乃特別稱述此段文字曰：

蓋仁者大一之蘊，天地陰陽之和，人情大順之則，而爲禮之所自運，
此一篇之樞要也。子曰：「人而不仁，如禮何！」明乎此，則三代之

英所以治政安君，而後世習其儀者之流於倍逆僭竊，其得失皆緣於
此。所謂「道二，仁與不仁而已」也。（頁 573）

禮之一本於天，而唯體天德者，爲能備大順之實，以治政安君而天
人無不順焉，三代之英所由紹大道之公而繼天立極也。（《禮記章句·
禮運》，頁 577）

可見以人情爲核心的政教觀，端賴禮義合用以發揮其實踐功能。順承天道，
治理人情，不外乎因人能體察天德而有其良心內蘊，仁心（禮意）即是禮文
背後的依據，而爲禮之所以自運而運於天下者也。

第四章　禮用的論述之一——即「修養工夫」論內聖面的開展

　　本章將尋繹禮學的內聖學原理，因〈大學〉、〈中庸〉二文是先秦儒家本體宇宙論道德形上學的充其極完成，已經朱子表彰而列入《四書》，但二文原屬《禮記》之書，必納回原書探討，才能照見禮學全貌，故本章第一節即以〈大學〉、〈中庸〉二文義理作為禮學研究之綱維。

　　第二節則因儒學重視克己復禮，下學上達的工夫修為，乃選擇〈曲禮〉所談「下學」之事著手，析出「毋不敬」及「存理遏欲」為該文旨趣。第三節則從修己治人的實踐原則，說明〈表記〉、〈坊記〉二文內容互為表裏，分論為人君臣者修己治人之道，從存理遏欲二端言其相輔相成。〈緇衣〉為〈表記〉下篇，故又兼論其能從具體的好惡言行中說明仁義之道。

第一節　〈大學〉、〈中庸〉論內聖外王之道

一、從朱子〈大學章句〉、〈中庸章句〉上探儒學義理綱維

　　《禮記》書中，船山特別重視〈大學〉、〈中庸〉，二篇既已專行而受重視，尤應將此二文歸位於《禮記》原書。其理由據船山之言是：

> 凡此二篇，今既專行，為學者之所通習，而必歸之《記》中者，蓋欲使《五經》之各為全書，以見聖道之大，抑以知凡戴氏所集四十九篇，皆〈大學〉、〈中庸〉大用之所流行，而不可以精粗異視也。（《禮記章句·中庸》，頁 1246）

須將學、庸二文歸返禮學範疇，對《禮記》全書作本末體用之整體觀照，才能窺見義理全貌及其價值所在，而二文之重要益發可知。船山一方面肯定二文義理之重要，另一方面也肯定朱子章句之作有其貢獻，及典範地位。因此在研究方法上，乃附益於《四書章句》之後，予以「衍」飾引申義理。船山云：

> 〈中庸〉、〈大學〉自程子擇之《禮記》之中，以爲聖學傳心入德之要典，迄於今，學宮之教，取士之科，與言道者之所宗，雖有曲學邪說，莫能違也，則其爲萬世不易之常道允矣。乃中庸之義，自朱子之時，已病夫程門諸子之背其師說而淫於佛、老，蓋此書之旨，言性，言天，言隱，皆上達之蘊奧，學者非躬行而心得之，則固不知其指歸之所在，而佛、老之誣性命以惑人者亦易託焉。（《禮記章句‧中庸》，頁 1245）

肯定二文在儒家內聖之學與太學教育中，具有宗主地位，其所持載道德良知的內聖心傳爲歷史人文世界中的永恆眞理。遺憾的是，其中本體宇宙論的精微義理，若學者缺乏躬行實踐以印證此道德良知，發用於道德事業，則容易被道、釋思想混淆其分際，悖離儒學特色。其中，朱熹的研究具有標竿性質，值得重視，船山曰：

> 朱子《章句》之作，一出於心得，而深切著明，俾異端之徒無可假借，爲至嚴矣，然終不能取未涉其域者之蓬心而一一喻之也。當時及門之士得體其實於言意之表者亦寡矣。數傳之後，愈徇跡而忘其眞，於是朱門之餘裔，或以鉤考文句，分支配擬爲窮經之能事，僅資場屋射覆之用，而無與於躬行心得之毫末；其偏者則抑以臆測度，趨入卑陋，暗墮二氏之郛郭而不自知，其爲此書之累，不但如游、謝、侯、呂之小有所疵而已……人心之壞，世道之否，莫不由之矣。（《禮記章句‧中庸》，頁 1245～6）

文中特別強調「躬行心得」四字爲朱子注之特色，因儒學義理特別著重道德良知的眞實發用及道德行爲的切實踐履，船山極推崇朱子在言行上確能嚴守道德之本位分際，可惜及門弟子與後學者未能掌握此本質關鍵，僅從考證文獻字句，或應付科舉，作猜謎式的附會，故日趨卑陋而無可救藥。船山後文又批評王陽明及後學不能體會天德王道之實踐全貌，又與佛、老二氏彼此附會，「則害益烈，而人心之壞，世道之否，莫不由之矣。」船山懲明末狂禪之害及亡國之弊，慨恨尤深，由是正本清源之道，尤須釐清〈大學〉、〈中庸〉

二文之真實義理。因此船山乃標舉其研究態度及方法曰：

> 夫之不敏，深悼其所爲而不屑一與之辨也，故僭承朱子之正宗爲之
> 衍，以附諸章句之下，庶讀者知聖經之作，朱子之跡，皆聖功深造
> 體驗之實，俾學者反求自得，而不屑從事於文詞之末，則亦不待深
> 爲之辨，而駁儒淫邪之説亦尚息乎！（《禮記章句・中庸》，頁 1246）

〈學〉、〈庸〉二文及朱子之注解在船山眼中乃成爲道德哲學之典範，而深值
探討，今試就其衍義之重要者略作介紹。

二、〈大學〉的內涵意義及價值──存理遏欲、自治治人

　　船山特別看重〈大學〉之價值，一者是因〈大學〉的內涵及其目標，在
於培育成人之君子，並能奉行內聖外王之道，二者是因〈大學〉明確地揭示
爲學之次第。三者是贊成程朱之説，主張「新民」，而反對以「親民」作爲〈大
學〉之綱領，於是船山的《禮記章句》中對〈大學〉、〈中庸〉二文，僅依朱
子之《章句》作衍，予以釋義。

（一）大人之學──窮理盡性，守約施博

　　船山承朱子注所説：「大學者，大人之學也。」衍釋其義曰：

> 大人者，成人也。十五而入大學，乃學內聖外王之道。如字及音泰
> 者，義一而已。以大學爲學宮名，非論學之道，故取義於大人。（《禮
> 記章句・大學》，頁 1469）

朱子以前視大學爲學宮名，讀大爲泰，乃隋唐舊説，[註1] 至朱子才賦予大學
爲君子之道德實踐義。因此船山主張從〈大學〉一文足以掌握儒學義理內聖
外王之道的框架規模，而《禮記》全書自可視爲〈學〉、〈庸〉二文之大用流
行。其次，船山重視〈大學〉的價值在於明示爲學之次第。他説：

> 是篇按聖經之文以審爲學之次第，令學者曉然於窮理盡性、守約施
> 博之道，可謂至矣。（《禮記章句・大學》，頁 1467）

認爲本文配合論孟易庸之義理，以內聖修養及博文約禮之道提供正確的求學
路徑，以是船山亦高度肯定朱子序定〈大學〉之價值。故又曰：

> 愚謂十傳之文，鱗次櫛比，意得而理順，即令古之爲傳者參差互發，
> 不必一皆如此，而其命意則實有然者，得朱子爲之疏通而連貫之，

〔註1〕　岑溢成，《大學義理疏解》，臺北，鵝湖，1994，頁 15。

> 作者之意實有待以益明，是前此未然而昉於朱子，固無不可之有，
> 況《禮記》之流傳舛誤，鄭氏亦屢有釐正而不僅此乎！是篇之序，
> 萬世為學不易之道也。(《禮記章句‧大學》，頁1467)

推尊朱子作章句的方式，在思想上能有所疏通連貫，並掌握「命意」之所在，故可視為義理之創造，有其獨特之地位，及永恆之價值，即使原文並非如朱子所編次亦然。如船山又說：

> 經、傳、章句本末相生之旨，亦無往而不著。(《禮記章句‧大學》，
> 頁1468)

合視孔子、曾子、朱子三者之間於義理上仍有一貫之旨歸。贊成朱子改換經文實有其正當性，尤不應質疑，這是由於漢學之集大成者鄭玄，於字句上也仍不免會有釐定改動之處。又由於船山重視義理之把握，故於陽明學派及其末流，時常抨擊其欠妥之處。最明顯的例子即新民、格物二者之義旨。

（二）「親民」當作「新民」

茲先論新民之意，船山於〈大學〉首章言大學之道三綱領「明明德、親民、止於至善」中，贊成程子「親，當作新」之解釋。船山曰：

> 篇內屢言新，而經傳從無有於民言親者，孟子曰：「親親而仁民。」
> 一本萬殊之差，聖賢異端之大別也。「治國」章以成教為旨。「平天
> 下」章以慎德忠信為體，愛惡並行為用，非取其民而呴沫之也。」
> (《禮記章句‧大學》，頁1469)

主張「新民」的理由係從經傳文字內容是否前後呼應著眼，且孔孟屢言愛有等差，應由近及遠，由親到疏，故言「親親而仁民，仁民而愛物」，雖須於父母親人言親，而對於人民則應言仁，尤不宜言「兼愛」，亦即政府對人民須予以倫理道德之教育，兼採禮樂刑政，以慎德忠信為體，而在運用上則愛惡並行，仁義均重。因此船山批評王陽明曰：

> 其以「親民」之「親」為「如字」者，則亦釋氏悲憫之餘瀋而墨子
> 二本之委波。(頁1468)

因重視儒家內聖學之根本修養，新民與明明德為一體之兩面，仁有克己復禮、正己以正人之義，新民確較親民之義恰當，而船山又於注文中屢屢呼應「新民」之義，如以下二例：

> 朱子注云：「明明德於天下者，使天下之人皆有以明其明德。」

而船山則衍其義曰：

> 「明其明德」，非必欲其如君子之明，革其舊染之污而近性矣。如實
> 言之則曰「新」，而淺深異致，性無二理，則亦可曰「明德」。審此
> 益知「親」之必當作「新」。（《禮記章句·大學》，頁 1472）

重視在日用生活中，當下切實省察改正言行不當之處，此亦「克己復禮」及
「我欲仁斯仁至矣」之意，當下革除舊染之污，恢復本性的光明。

〈大學〉所言：「其所厚者薄而其所薄者厚，未之有也。」朱子注云：
「所厚，謂家也。」

船山則曰：

> 厚者，慎好惡以謹家教也。其家不可教而能教人者無之，不能於薄
> 者厚矣。家爲厚，國、天下爲所薄，天理自然之序，益知於民不可
> 以言親。（《禮記章句·大學》，頁 1474）

對於負有治國平天下之責的政治領導人而言，須教育導正人民於正道，其先
決條件爲修養自身，才能自正而後正人。雖說良知在質上至大無外，然而在
倫常日用生活上仍須照應現實條件，執行能力有其限制。好善惡惡，謹言愼
行，當從修身齊家做起，由內而外，由近及遠，此乃依乎天理良知，順乎人
情自然之事。此爲親親而仁民之意，故從親疏厚薄相對而言，對家人的態度
以「親」爲主，對國、天下之人的態度則以「新」爲主，恩威並用，好惡並
行。

（三）明明德以存理爲至，新民以遏欲爲急

〈大學〉引湯之盤銘曰：「苟日新，日日新，又日新。」朱子注曰：
「湯以人之洗濯其心以去惡，如沐浴其身以去垢，故銘其盤，言誠
能一日有以滌其舊染之污而自新，則當因其已新者而日日新之，又
日新之，不可略有間斷也。」

船山則衍其義曰：

> 明明德者，君子作聖之全功，以存理爲至，新者，自治治人之合德，
> 故以遏欲爲急。明明德於天下，豈能令民之行著習察於天理之微密，
> 但不爲人欲所陷溺斯得矣。君子所與民同功者，此而已也。己德民
> 情之有本末，而爲學之本末亦分焉。復性，本也，去惡，末也。（《禮
> 記章句·大學》，頁 1476）

明明德與新民分居內外兩面，而相應地，內聖之存理與外王之遏欲、自治與治人均爲一體兩面，良知天理，須下貫落實於生活中，時時自省，並克制私欲，確切執行，非徒托空言。唯其中爲學之本末次第則應以明明德之復性爲本，而新民之遏欲去惡爲末。

第二節　〈曲禮〉論「毋不敬」及「下學上達」之道

一、〈曲禮〉的篇名意義及文章結構

（一）〈曲禮〉所言乃下學之先務

　　船山哲學本末兼重，又須即事以言理，故視〈曲禮〉的內容爲內聖學的起點工夫，以「毋不敬」爲本旨，及以「存理、遏欲」作爲修養的網領，此相當於〈大學〉所說「明明德」、「新民」二者之意旨，故即使〈曲禮〉所敍論的禮儀繁瑣細碎，船山仍能從中看出其價值及意義。於《禮記章句·曲禮》篇首就予以高度肯定，他說：

> 曲者，詳盡委曲之意。此篇舉禮文之委曲以詔人之無微而不謹，尤
> 下學之先務。（《禮記章句·卷一、曲禮上》，頁 11）

申言本篇所論內容雖細微而甚值得鄭重，推本於孔子所言「下學而上達」[註2]之義旨。程子即言「蓋凡下學人事，便是上達天理，然習而不察，則亦不能以上達矣！」[註3]因而研習禮文，詳盡地審察具體儀文及行爲措施，了知其背後的意義，正是下學人事、藉以上達天理的重要歷程，尤須加以重視，基於這種詮釋心態，船山認爲〈曲禮〉並非雜湊成篇，而是文義連貫的有機構造。

（二）〈曲禮〉的篇章結構脈絡相因，條理井然

　　考察〈曲禮〉的內容，係先建立基本道德原理，再落實到儀節事物，亦即從主敬及孝弟的德養做出發點，再說明如何與人交往，及在各種生命禮儀中如何行事，在篇章之中因意義一氣流貫，而形式上亦是條理井然，故船山曰：

> 先儒因簡策繁多，分爲二篇。上篇凡六十三章，舊未分章，諸儒多
> 所割裂，今尋繹文義，爲之節次如左。（《禮記章句·卷一、曲禮上》，

[註2]　《論語·憲問》。

[註3]　朱熹，《四書章句集註》，臺北，鵝湖出版社，1996，頁 158。

頁 12）

鑒於舊儒割裂〈曲禮〉文義，未就行文脈絡分章說明其內容及相互關係，船山於是效法朱子序定〈大學〉之意，予以章解句釋，將〈曲禮〉全文釐爲六十三章，並在意義轉換的關鍵地方，點明其先後照應、過渡之所在，視全篇文字爲一有機體，而肯定編著者的匠心安排。

　　依船山所論述，〈曲禮〉內容大約可分爲三個部分。其中第一部分析理以建立道德行爲的準則，最爲精粹，後二部分則是道德原理的活用，記述日常生活禮儀；合以見出全篇文字立本以致用，即事以見理的深意。茲先大略說明船山如何分析全篇架構，其次再闡述第一部分的義理。

1. 第一部分──一至六章

　　旨在說明禮是修養德性的重要規範，須在日常生活實事中克己復禮，泛應曲當，無有遺漏。其中一、二章分敍存理、遏欲，三至六章則延續二章「通論禮爲德性之要，委曲必盡之意。自此以下乃列其事而目言之，皆禮之曲也。」從結構上看，這一部分是要說理立本，以貫通後文所序列之事。

2. 第二部分──七至十二章

　　旨在說明敬長及養老之道，因爲孝弟是德性心的自然湧發，而作爲各種德性的根本，不能徒託空言，必須落實在應對進退的日常儀節之中，其中第七章「序人生歷年人事之節、勤逸之差，因以推長長養老之道。其下五章皆因是而廣記之。」第八至十二章「承第七章而廣記事父母兄長之禮。孝弟者，德之本，禮之實也。謹諸此以達乎眾禮之原，則天理之節文皆生心而不容已矣。自此以下，乃雜記應對進退之節以廣之。」〔註4〕以上所述在於指明禮文雖發用爲繁複瑣碎之儀則，卻是有原有本的良心善性，亦即是孟子所強調之孝親敬長的良知良能，所謂的四端之心，「苟能充之，足以保四海，苟不充之，不足以事父母。」〔註5〕

3. 第三部分──第十三至六十三章

　　四十三章之前，大體在說明人際之間交往禮儀，四十三章之後，廣泛論及吉凶軍賓嘉等五禮。例如其中第十三至十六章「皆說升堂入室之禮，大要爲少事長者言之，而成人以後，主賓相接，趨朝奉使，亦因類而通之。」第

〔註4〕　以上第六、七、十二章之引文分見於《禮記章句・曲禮上》，頁19，22，29。
〔註5〕　《孟子・公孫丑》。

十七至二十三章「皆記侍坐之禮」。第二十四至二十六章「記男女有別之禮。」上述十三至二十六合乎《禮記‧大傳》所說「親親、尊尊、長長、男女有別，其不得與民變革者也」的順序。第二十七章以下「雜記禮之節文，其以事類序者，則因序次；其不以事類序者，各自爲義，不可強爲連合，然其由本至末，自小而大之條理，學者亦可以意求之也。」〔註6〕綜上，可以看出這一部分，著眼於尊卑上下男女之間，在生活儀節上須有具體區別。船山又於第四十三章曰：

> 按此二章雖雜輯而汎記之，然其言持己與人之道，博習力行而酌情以爲施受，則自第十三章以下，事君長，接賓友，以盡禮於居處、進退、飲食、饋問之間，皆必本此以行之。則此篇之序，綱目相因，條理不紊，雖錯綜而實相貫通，亦自此可識矣。自第四十四章以下漸及於喪、祭、軍、賓，則皆禮之大者，蓋以序而推及之也。（《禮記章句‧卷一‧曲禮上》，頁63～4）

總結上述，可知曲禮上包括三部分內容，先有理則的建立，其次說明人事器物之間的實用，本末小大依次展開，可謂綱舉目張，條理井然不紊，足可印證孔子所言「下學而上達」的意旨。當然，〈曲禮上〉雖分六十三章，思想內涵之底據則集中表達於第一部分前六章之內容，以下即針對這一部分加以論析闡述。

二、〈曲禮〉的思想內涵

（一）「毋不敬，儼若思」的存理之學

船山對於《曲禮上》第一章「毋不敬，儼若思，安定辭，安民哉！」尤推崇其要義，說它是「一篇之統宗，全經之體要備矣！」並詳加論說其義，船山對此四句分別有所析述，他說：

> 「毋不敬」，大小眾寡之不敢慢，動而慎也。
>
> 「儼若思」，未有思而端儼凝志若有所思，靜而存也。
>
> 「安」，審處其當也。循事察理，必得其安，而後定之以爲辭說，言而信諸心也。
>
> 此三者未及於安民之事，而以此自治而臨人，則天下之理得而情亦

〔註6〕 以上四小節引文分見於《禮記章句‧卷一‧曲禮上》，頁31，34，45，47。

可通矣。於以安民，奚難哉！（《禮記章句·卷一、曲禮上》，頁12）

在這四句話的解說中，船山認為前二句分別表示「動而愼」和「靜而存」的修養，乃靜存動養之意，前者敬愼以臨事，發而中節，後者端肅以持志，中心有主，亦是中庸所說「中和」之境界：「中也者，天下之大本也；和也者，天下之達道也。」「毋不敬」是「和」，而「儼若思」是「中」。第三句「安定辭」則強調在心物內外交接之際以誠信臨之，此循事察理的過程中，能審處其當及得其所安之後，再定以爲辭說，則是《易》之「修辭立其誠」之意，而總括此前三句，可以說是爲政者的內在修爲，有此根基，正己而後正人，自是水到渠成，而值得注意的是船山於第四句點出「安民哉」的關鍵，在於君子的「自治臨人」及「反躬自盡」，明顯地承自孔子「恭己」及「子帥以正，孰敢不正」的思想，君子自身的「克己復禮」，以身作則，正是實踐禮學的基本出發點。而審察這四句的文獻來源，王夢鷗先生認爲：「上三句出於『曲禮』古經，其中『思』『辭』已自協韻。『安民哉』一語，乃經師說此古經語句之時，讚而美之之辭。」〔註7〕其說根據鄭玄注「安民哉」曰：「此上三句，可以安民，說〈曲禮〉者美之云耳。」藉以批駁朱子所言「首章四句，乃〈曲禮〉古經之言」。船山則不自上述文獻上分析，而是從義理思想本身的脈絡予以疏解，故說明甚圓融而合理，且具說服性，對鄭、王二人說法也可作一印證。

因此，首章四句的義理可以在儒學經典上找到根據，亦即是〈大學〉的正心誠意，及〈中庸〉的「誠之者，人之道」。有此道德的主體內聖修養做爲依據，則修齊治平的道德事業乃有成就的可能，內聖外王的規模已具，故雖未言及安民，卻也是安民的唯一路徑，關鍵是君子能夠實踐禮儀節文，從事反躬自盡的道德修爲，而實即「下學人事，上達天理」之意。因此，經由船山的說解，猶如畫龍點睛一般，原文的精義俱出矣。船山即總結此章要義說：

> 右第一章，按此章原本正心修身之道以爲禮之本，而聖學之功擧不外於此，蓋一篇之統宗，全經之體要備矣！」（《禮記章句·曲禮上》，頁12）

如是吾人乃不可輕忽〈曲禮〉內涵的價值，尤不可認爲其內容瑣碎無用。即因其義理所根據的是〈大學〉、〈中庸〉二文是《禮記》之體，而全書四十九篇則是其大用流行，此即明證。

〔註7〕　王夢鷗，《禮記校證》，臺北，藝文印書館，1976，頁14。

（二）「去私循禮」的遏欲之事

〈曲禮〉第二章，原文共分六節，分別疏解如後：

1. 〈曲禮〉曰：「敖不可長，欲不可從（縱），志不可滿，樂不可極。」
   船山釋曰：

   > 四者（敖、欲、志、樂）之動，以禮節之，則各適其當而不流，是
   > 以君子貴乎循禮也。（《禮記章句・卷一、曲禮上》，頁 13）

首節所言是意念情感的表達要恰當而不泛濫，船山明確指出「循禮」是其修養方法。原來〈中庸〉只說到「喜怒哀樂之未發謂之中，發而皆中節謂之和」。但是並未說到運用什麼方法可以讓情感合乎節度，而喜怒哀樂四情也非情感表現的全部面相，因此落到日常生活人事各層面，本節所言尤較具體實際，意旨在於藉由「循禮」的方式，用來約束態度傲慢、放縱私欲、志得意滿、逸樂無度等情感流蕩的弊病。

2. 〈曲禮〉曰：「賢者狎而敬之，畏而愛之。」
   船山釋曰：

   > 雖狎必敬，雖畏而不忘其愛，則禮行乎其間矣。（《禮記章句・卷一、曲禮上》，頁 13）

體現荀子所說「樂和同，禮別異」的特點，敬愛賢德之人實應謹守中庸之道，在敬與愛之間找到一個平衡點，而不可有所偏倚，再親近也要保有敬重之心，敬畏之中也不失其愛戴之心，此眞方法仍在於「循禮」而已。

3. 〈曲禮〉曰：「愛而知其惡，憎而知其善。」
   船山釋曰：

   > 能節其情，則善惡之理見矣。（《禮記章句・曲禮上》，頁 13）

感性的愛憎不可影響理性善惡是非的決斷，要愼防情感的干擾、誤用，循禮以節制情感，使正理自見。此二節亦孔子所曰「唯仁者，能好人，能惡人」〔註8〕之意。

4. 〈曲禮〉曰：「積而能散，安安而能遷，臨財毋苟得，臨難毋苟免，狠
   毋求勝，分毋求多。」
   船山釋曰：

   > 六者能審乎利害生死之間，以反諸其節，則私欲不行，義立而禮行

〔註8〕《論語・里仁》。

矣。（《禮記章句‧曲禮上》，頁 13）

原義旨在說明勿坐擁富貴，貪得無饜，而在出處進退利害取予之際能堅守原則。船山則強調義為禮之本質，而以公正合宜作為利害生死之間的權衡。因能以禮節度行為，則意念雖微，而一念之間善惡立判。此意皆本於孔子用義利辨君子小人，及造次顛沛必不違仁之義。而與孟子所論「貧賤不能移，富貴不能淫，威武不能屈，此之謂大丈夫。」〔註9〕意旨相通。

5.〈曲禮〉曰：「疑事勿質，直而勿有。」

船山曰：

> 質，證也，事之然否曲直未明見而信諸心，毋質證以為固然。其直者雖可自信，抑勿挾而有之以與人競，能此，則私意不行而天理見矣。（《禮記章句‧卷一、曲禮上》，頁 14）

發揮孔子「毋意、毋必、毋固、毋我」〔註10〕的修為，船山認為應有開放自謙的心態，切勿自信太過，且要避免爭強好勝、得理不饒人的毛病。使情意本於公心，讓天理自見。

6.〈曲禮〉曰：「若夫坐如尸，立如齊（齋），禮從宜，使從俗。」

船山釋曰：

> 上言學者去私循禮以為行禮之本，則自強於禮，而不挾己自是以拂乎人情，其於容貌之莊，權宜之中，亦舉而措之而已。（《禮記章句‧卷一、曲禮上》）

本節所言是前五節執行後之成效，意謂若能作「去私循禮」的根本工夫，並且是「勉強而行之」（自強於禮），不自我中心去違逆人性，自然就有端莊合宜的容貌儀表，且能在與人交往之際，有恰當的行為表現，權衡時宜，入境問俗。

綜合上述〈曲禮〉第二章六節文字，主意在於「節情去私」，方法是「循禮」以達致天理人情的和諧表現。其實不外乎是孔子「克己復禮」之意。蓋「節情去私」即克己之義，而「循禮」當即復禮。船山總結此章文意曰：

> 此章言節情去私為禮之本，與上章相承而立言，以為一篇之綱領。
> 上章言存理之學，而此章乃遏欲之事，先存理而次遏欲者，聖學所以異於異端而有本也。以下四章則以發明禮之大指，本立而用斯行

〔註9〕　《孟子‧滕文公下》。
〔註10〕　《論語‧子罕》。

矣。(《禮記章句·卷一、曲禮上》，頁 14)

船山哲學即氣言體，「不舍人欲以言天理」的理論特色，正可配合〈曲禮〉文獻予以解析。因爲船山認爲〈曲禮〉的第一、二章分別在闡明「存理」之學及「遏欲」之事，二章內容合看，乃形成了解〈曲禮〉全篇意旨的思想綱領，故能正視、抉發禮文的精義及其價値。但船山雖本末兼重，仍著重先立本而後末乃不偏，故強調先存理而後談遏欲。而第二章承上啓下，第三至六章即在理論上發明禮的大用，茲不復贅。

第三節　〈表記〉、〈坊記〉、〈緇衣〉論「修己治人」之學

一、三文共爲一書，本末相資，脈絡相因，文義相肖

前節〈曲禮〉篇所探討的是「毋不敬」及「存理遏欲」的義旨，而有關爲政者「正己而後正人」的道德修養及具體作爲，船山則是藉〈坊記〉、〈表記〉、〈緇衣〉三篇文章加以發揮，分別是《禮記》的第三十、三十二、三十三篇。船山認爲此三篇原本共爲一書，至於第三十一篇的〈中庸〉，則是被流傳的人所紊亂。《禮記章句·緇衣》中，船山於前序曰：

〈坊記〉以下至此三篇，本末相資，脈絡相因，文義相肖，蓋共爲一書，而雜〈中庸〉於〈坊記〉之後，則傳者亂之爾。大抵《禮記》一書，戴氏隨采而輯之，初無先後之序，故宋賢升《大學》於《中庸》之前，誠得意而忘其跡。(《禮記章句·卷三十三、緇衣》，頁1359)

至於此三篇之間的理論關連，則〈表記〉與〈坊記〉分別談修己及治人之道，而〈緇衣〉是〈表記〉的下篇。

(一)〈表記〉與〈坊記〉分論修己、治人之道

首先，〈表記〉、〈坊記〉二篇分論修己、治人之道，互爲表裡，相輔相成。表記的內涵重在立本，而坊記是其輔助，作爲末用；本末相資互成，若能兼善，則政道可立。船山於《禮記章句·表記》曰：

表者，植木爲標，以測高下淺深之度者也。凡爲坊者，必先立表以爲之則，表雖無與於坊，而爲坊之所自出，是坊末而表本也。以禮坊民，

民猶踰之，既不可以坊爲無益而廢之，抑不可更峻其坊而束民以不堪，則唯反躬自治以正其表，斯正己之盡而物可得而正矣。故三代以禮坊民，而踰之也率在末君失德之世，則知表之爲重，而亦不可咎坊之徒勞矣。（《禮記章句·卷三十二、表記》，頁1317）

文中先言「表」有標準、節度之義，且「表」應優先於「坊」，「表」雖看似無用而蘊藏大用，「坊」雖具實用，卻不可離「表」而徒恃其用，而須澈底認知其限制之所在。因爲，類比於堤坊的功能，「坊」可用來防範人的情動欲肆，有其預防及警示的效果。但若一味地加高堤防，而未思考如何疏導洪水，疏濬源頭，則終究會有潰決之虞。因此，正本清源之道，還須正視情欲在人生爲必然的存在，唯須以理性加以調節、約束，而非強爲滅絕，畢竟「以禮坊民，民猶踰之」，所以根本辦法仍應著重於啓導凡民的仁心自覺，提高其自我修省、自我約束的能力，不宜亟求速效。而即使民眾對於禮儀節度有所踰越，反而更應加強道德觀念的宣導，藉以昇華人性，切不可加強管制。值得注意的是，唯有政治上軌道時，禮才能發揮消極防範的效果，即因政教已建立根本之故，否則在末世衰亂之時，未能從政教立本，將如老子所言：「法令滋彰，盜賊多有。」〔註11〕此即「三代以禮坊民，而踰之也率在末君失德之世」之意。蓋禮、法之辨別在一線之間，有當政者之仁心貫注，才是行仁政，此時才可謂「政即禮也」，故須肯定人性之善，才有行道之可能，而且根本作法是當政者的身教重於言教，如孔子所言：「其身正，不令而行；其身不正，雖令不從。」〔註12〕因此，〈表記〉的地位是先於〈坊記〉的，由本以貫末，而末還滋其本。船山於《禮記章句·坊記》篇首曰：

此篇與〈表記〉相爲表裏。「坊」者，治人之道。「表」者，修己之道。修己治人之實，禮而已矣。性之所由失者，習邊之也。坊習之流則反歸於善，而情欲之發皆合乎天理自然之則矣。習俗氾濫以利其情欲者，爲凡民之所樂趨，故「坊」之也不容不嚴。是以篇內多危激之詞而疑於人之難與爲善，然苟達其立言之旨以與〈表記〉參觀之，則《易》所謂「遏惡揚善，順天休命」之理於此著焉，而不與荀卿之說相類，不然且將疑禮之猶不足以坊民，而老、莊、名、法之說且由此而興，是所貴於讀者之善擇也。篇內所引夫子之言，

〔註11〕《道德經·第五十七章》。
〔註12〕《論語·子路》。

　　皆單詞片語，而記者雜引《詩》、《書》，參以己意以引伸之，石梁王
　　氏乃以是而疑其非聖人之書，則固矣。（《禮記章句‧卷三十、坊記》，
　　頁 1213）

首先說〈坊記〉所言著重在治人之道，著眼於人性之善端易受習俗情欲的牽引，致在現實生活上無法如理呈現，如孔子所言「性相近也，習相遠也」〔註13〕故對治習俗情欲的方法，端在以禮修正習欲的偏差，而復歸於仁德，如《論語》載孔子言：「克己復禮爲仁，……非禮勿視，非禮勿聽，非禮勿言，非禮勿動。」〔註14〕〈坊記〉一文作者即站在此立場上，抱持嚴正的態度，並出之以危激之詞。

　　故其次，〈坊記〉的理論根源必須落實在道德心性，如孟子道性善，〈中庸〉說天命之性，《易傳》之順天休命，雖談到遏惡揚善，唯不可歸類於荀卿性惡的行列，以免懷疑禮的效用有所不足。實應把〈坊記〉與〈表記〉二文合參，來透顯禮的實質功效，兼有修己治人，亦即「在明明德，在親民」之內聖外王二方面的全體大用，其內存善性是爲未發之中，四情外發切當而爲中節之和，因此〈中庸〉所言必兼括先天後天之內外二面，而有誠明相資之義。例如：

　　率性之謂道，修道之謂教。

　　誠者，天之道也；誠之者，人之道也。

　　自誠明，謂之性；自明誠，謂之教。誠則明矣，明則誠矣。〔註15〕

如上所論，修己治人的道德實踐，須有良知大本的肯定，才能貫注於形器末用，而有道德事業的成就。若缺此一步道德主體的肯定，則將流於道家、法家、名家之追求以致其興盛。

（二）〈緇衣〉是〈表記〉的下篇

　　船山於《禮記章句‧緇衣》曰：

　　〈緇衣〉者，蓋〈表記〉之下篇，……〈表記〉續〈坊記〉而作，
　　以敬爲本，以仁義爲綱，修身以立民極之道盡矣。此篇所述則以好
　　惡言行爲大旨，蓋好惡者仁之端，言行者義之實，君子之居仁由義
　　以正己而物正者，於此焉慎之，則不待刑賞而民自從矣。（《禮記章

〔註13〕《論語‧陽貨》。
〔註14〕《論語‧顏淵》。
〔註15〕見《中庸章句》第一、二十、二十一章。

句‧卷三十三、緇衣》，頁1359）

原來〈表記〉與〈緇衣〉是上、下篇的關係，意旨相連貫，「以敬爲本」是講究發揚〈曲禮〉「毋不敬」的修爲涵養，依據孟子居仁由義的徑路，達到正己而後正人、正物的境地。〈表記〉側重由仁義建立道德原則，〈緇衣〉則側重從具體的好惡言行來立論。其實仍是一體兩面。仁心的發端是好善惡惡，而仁心與外界事物的恰當通流，即是實際言仁義的呈現。所以說，「好惡者仁之端，言行者義之實。」因此，從〈緇衣〉可知君子誠能注重修身，在言行中居仁由義，則在政教上必能收到上行下效的成果。如〈大學〉所言「自天子以至於庶人，壹是皆以修身爲本。」〔註16〕可見修身的重要。

（三）作者爲孔子門人

　　第三，船山從〈坊記〉行文方式判定其作者應爲孔子門人。行文中皆引用夫子之言，並佐以《詩》、《書》予以參證引伸，其中所引夫子言雖只是單詞片語，仍無害其爲聖門之書。此猶如船山《禮記章句》中於〈表記〉卷首亦云：

　　　　二篇皆游、夏之徒引所傳聞夫子之言以發端，而雜引《詩》、《書》
　　　　以證之。其辭悉得之口授，斷章隳括，文或不純，要爲修己治人
　　　　之顯道，不可以辭害之也。（《禮記章句‧卷三十二、表記》，頁1317）

與船山注〈坊記〉卷首語意旨相近，主張二篇文字皆子游、子夏之徒口授於夫子之後，衍飾引伸所成之著作，間或斷章取義，雖未盡精純，卻不可以文害意，忽視其價值。船山又於〈緇衣〉卷首曰：

　　　　〈緇衣〉者，……舊說以爲公孫尼子所作，使然，則〈坊〉、〈表〉
　　　　二記亦同出於尼子矣，未知是否。（《禮記章句‧卷三十三、緇衣》，
　　　　頁1359）

判定作者是公孫尼子，與前說作者爲游、夏之徒似相矛盾，但同樣都屬推測之詞，行文方式皆爲根據孔子言談，斷章取義，予以引申，吾人將作者斷定爲孔子弟子加以概括即可。

二、〈表記〉以敬爲本，以仁義爲綱，修身以立民極

（一）行文脈絡及思想綱要

　　〈表記〉凡五十一章，大致可分爲二部分。第一部分是第一至九章，說

〔註16〕《大學‧經一章》。

明「君德」，屬正己之道，爲全文綱要。第十章以後說明「君道」，爲正人之法。要之，前後二部分內容分屬內聖、外王之道。船山《禮記章句》於〈表記〉第一章開宗明義曰：

> 此章言修身存誠之德，爲表正萬物之本。其下八章雜引孔子之言，以申此章之意。(《禮記章句·卷三十二、表記》，頁1318)

船山又於第九章曰：

> 凡上八章皆言君子立敬之道，以申首章之義而爲一篇之綱領。《傳》曰：「敬者，德之輿也。」存敬以立本，則函德於中，而仁義忠信之大用逢原而日生，君子建極以爲民表之道備矣。周子曰：「聖王以敬爲修身立政之本」，此之謂也。(《禮記章句·卷三十二、表記》，頁1321～2)

這說明當政者正己之道，在於以敬德涵養未發之中，作爲天下之大本，才有發而中節之和，成爲天下之達道，仁義忠信的運用即因有其本原而能日生不已，故能建立道德標準。

〈表記〉第二部分是第十至第五十一章，說明君道，爲正人之法。其中第十章、第三十章、第四十七章是思想轉折的關鍵處。分述如下：

1. 君臣仁義之道

> 第十章載：「子言之：『仁者，天下之表也。義者，天下之制也。報者，天下之利也。』」

船山說明其文脈曰：

> 前九章既言坊民之本，立敬以爲則，此又言施於民者必盡其理而達其情，而後教化可行，蓋前以君德言，而此以君道言。其下四章皆以申明此章之意。(《禮記章句·卷三十二、表記》，頁1323)

說明君人之道，要體察民情，使其合乎理性原則地充盡表達，著重在報施之道能斟酌合宜，然後教化可行。此義又可分三段加以說明：

(1) 仁者天下之表

船山評第十五章「仁有數，義有長短小大」曰：

> 此章承第十章「仁者天下之表」而言，其下四章皆以申明此章之意。章首兼言「義之長短小大」，則又以起第二十章以下之意。讀者參觀之，而此篇之脈絡貫通者可知矣。(《禮記章句·卷三十二、表記》，頁1327)

第十五章至十九章著重闡述「仁者天下之表」之義理，另外船山也強調讀者要對全文不同章節相參互觀，以掌握全文脈絡。

（2）義者天下之利

船山評第二十章曰：

> 此章承第十章「義者，天下之制」而言，其下三章皆以申明此章之意。（《禮記章句・卷三十二、表記》，頁1333）

（3）因君道之仁而廣言之

船山評第二十四章曰：

> 前章以上既分言君臣仁義之道，此章因君道之仁而廣言之，推質文之同異，以明仁義合而仁斯至，乃能盡君道而為天下之表。其下五章雜引孔子之言，以申此章之意。（《禮記章句・卷三十二、表記》，頁1338）

綜上可知，此一部分重在說明一國之君治民所須的仁義之道。並且說到廣義的仁，必兼仁義而合言，因為仁者之心，不容自已地要及物潤物，使天下一一民物皆能適得其所，故實現義道，始可言仁德的完成。

2. 臣道之義，發明忠信之理

船山評第三十章曰：

> 此章因臣道之義而極言之，發明忠信之理。義者，忠信之則，忠信所以盡義也。蓋居上而立表以正民，乃君與大臣之事，故道異，而先於正己則一也。其下十六章雜引孔子之言，皆以申明此章之意。」
>
> （《禮記章句・卷三十二、表記》，頁1343～4）

自三十章起敘論臣子正己之道，語云：「君義臣忠」，而孔子亦云「自古皆有死，民無信不立」[註17] 忠信乃成為臣子對上與對下所應盡之義理。

（1）「忠」以事君

船山評第四十一章曰：

> 此上十一章皆言忠以事君之道，而以實之信亦存其間矣。（《禮記章句・卷三十二、表記》，頁1349）

（2）「信」以接眾

船山評第四十六章曰：

> 此上五章皆言信以接眾之道，而盡己之忠亦存其間，蓋忠信本合以

〔註17〕《論語・顏淵》。

成用而爲盡義之本，非是則假義制物，而義非其義矣。」（《禮記章句·卷三十二、表記》，頁 1352）

綜上所述，係說明臣子以忠信的原則盡客觀義道，分言之，雖是忠以事君，信以接眾，在實際執行時，忠信必須配合爲一體，忠不離信，信亦必含忠，才是根本的作法。

3. 敬鬼事神之義

船山評第四十七章曰：

此章承第二十五章敬鬼事神之義而言。君子主敬以敦行仁義，用爲民表，其道既盡，而王者父天母地以爲天下君，大觀在上，神道設教，幽明之治，初無二理。故殷人尊神以爲道，雖過則偏，而實爲本天治人者之所不可廢，故就祭祀卜筮以明之。其立言之旨雖若視以上諸章之義爲緩，而明之禮樂，幽之鬼神，本爲一致，乃盡性至命承天子民之至德，非末世妖妄術數之可與，誠不可以爲迂而置之也。其下四章雜引孔子之言，皆以申明此章之意。（《禮記章句·卷三十二、表記》，頁 1353～4）

除了在現實生活上敦行仁義之道，以保民養民之外，王者還必須安頓人民的精神生活。透過祭祀天地祖先、山川神靈，讓人類本有的宗教情懷及超越意識，得到提昇與慰藉，對於宇宙萬物及無限者有一感恩與敬畏之情，同時天人之間得以互相喻解、互相感通，所以神道設教，幽明之治，初無二理，都具有深刻的道德意義，蘊於其中。

（二）〈表記〉義理撮要

1. 修身存誠之德爲表正萬物之本

子言之：「歸乎！君子隱而顯，不矜而莊，不厲而威，不言而信。」
（《禮記·表記·第一章》）

船山曰：

稱子言之者，挈其大綱，謂聖人之言如此，而凡所引伸皆斯言之義也。隱、顯，以出處言。矜，以莊示人。厲，以威加物也。夫子周流而道不行，乃反而信其自得之理不必施之政教，而但盡其躬行之實，自彊不息，合於天德時行物生之妙，默成於己，而天下萬世之興起變化皆自此出，所謂不疾而速，不行而至也。右第一章。此章言修身存誠之

　　德，爲表正萬物之本。(《禮記章句‧卷三十二、表記》，頁 1317～8)

原文雖述夫子之言，而實亦夫子之自道。故船山乃舉夫子爲例申論此章義理，夫子周遊列國皆不見用，乃退而授徒著書，修身見於世，體現宇宙生化自強不息的妙理，而在出處進退，言行語默上顯出自信自得的形貌，故歷千秋萬世而其道大光。此如〈中庸〉所言：「君子之道，闇然而日章」，「淡而不厭，簡而文，溫而理。」，〔註18〕關鍵即在於能內省愼獨，澄清自我生命，使其德性生命合乎天道之流行。而船山開宗明義言本章「修身存誠之德，爲表正萬物之本」，猶如陽明形容良知是「無聲無臭獨知時，此是乾坤萬有基。」〔註19〕有異曲同工之妙，只是船山更看重由本貫末的正學工夫。〈表記〉載：

　　子曰：「君子莊敬日強，安肆日偷。君子不以一日使其躬儳焉如不終日。」(《禮記章句‧表記‧第六章》)

船山釋曰：

　　儳，弱貌。如不終日，如不能待一日之終也。莊敬則志嚴，志嚴攝氣，氣以充體，斯日強矣。安肆而偷，則耳目隳，筋骸弛，終日之間如無所措手足而不亡以待盡。故敬者，王者以之祈天永命，君子以之修身立命，學者能體驗而有得焉，則近世儒者竊道士胎息之說以言學，其陋見矣。(《禮記章句‧卷三十二、表記》，頁 1320)

以君子莊敬日強的生活態度對比小人的安肆日偷，其間差別在於主體能否愼獨存誠以致中和，正心誠意以修其身，船山即認爲端莊敬愼的態度，能使情感意志嚴肅懇摯，而收攝形貌體氣不致放逸，日有進益。義旨仍本於孟子「浩然之氣」的說法，是「志至焉，氣次焉」、「配義與道」、「集義所生」、「心勿忘勿助長」。〔註20〕否則安肆日偷將如莊子所言「與物相刃相靡，不亡以待盡。」〔註21〕

2. 施於民者必盡其理而達其情

　　〈表記〉載：

　　子言之：「仁者，天下之表也。義者，天下之制也。報者，天下之利也。」(《禮記章句‧表記‧第十章》)

〔註18〕　〈〈中庸‧第三十三章〉〉。
〔註19〕　王陽明，〈詠良知四首示諸生〉。
〔註20〕　《孟子‧公孫丑》。
〔註21〕　《莊子‧齊物論》。

船山釋曰：

> 表者，物所望而歸之之謂。利，謂交相勸以趨於善也。宜民之道必
> 體民情，故仁以綏之，義以裁之，而尤敦報施之義以達人情而使獲
> 爲善之利，斯王道之所以易從而教無不行也。
> 此又言施於民者必盡其理而達其情，而後教化可行。（《禮記章句‧
> 卷三十二、表記》，頁 1322）

治理人民須注重報施之義，禮尚往來。因人情的表達都須適度得到回應以及報
償，使心無鬱結而得以不傷，又能互相勸勉向善，故盡其理達其情，而能有化
行俗美之效。相較而言，仁以修己，可讓百姓近悅遠來；義之裁度，使得人己
物我之間能恰當交流。報施之利其實仍是仁義之道的表現。〈表記〉又曰：

> 仁者，右也；道者，左也。仁者，人也；道者，義也。（《禮記章句‧
> 表記‧第十四章》）

船山釋曰：

> 仁者，愛之施。道者，責人以所當盡者也。右，順而利之也。左，
> 屈而成之也。仁者，體人之情而因民以置法，民之所順也。道者，
> 議之自己以裁物而匡其不義，民之所難也。（《禮記章句‧表記》，頁
> 1325）

「仁」是愛的施行，當政者若能體察人性所需，而制定法令以利益人民，自
可順利推行。「道」是客觀義道的實現，治理人民要責求人民實行當盡的義務，
雖然當政者要以身作則，但人民畢竟是畏難苟安的，故要糾舉匡正人民習欲
言行的偏差，使其勉強而行仁，以向善而趨，來共同參與政治社會整體的人
文化成。〈表記〉曰：

> 今父之親子也，親賢而下無能；母之親子也，賢則親之，無能則憐
> 之。母親而不尊，父尊而不親。水之於民也，親而不尊；火尊而不
> 親。土之於民也，親而不尊；天尊而不親。命之於民也，親而不尊，
> 鬼尊而不親。（《禮記章句‧表記‧第二十四章》，頁 1337～8）

船山釋曰：

> 下，抑也。水爲功於人而可狎，母道也。火明炤萬物而不可近，父
> 道也。土利萬有而人踐之，母道也。天覆物而與人遠，父道也。尊
> 親之道並至爲難，父母、水火、天地不能兼備，唯王者愛敬合德，
> 因時而利導之，體生成化育之理，發政施令以說安之，尊鬼施敬以

強教之，仁義並行，迭相主輔，而其末流所趨猶不能無偏，如下章
所云者，宜君子之於仁難言之矣。（《禮記章句·卷三十二、表記》，
頁 1338）

船山哲學特揭乾坤並建之旨，係從先秦經典文獻中深切體會所得，如〈表記〉
文中並舉父母，水火天地之例不能兼備親尊二德，推論王者不但必須愛敬合
德，因時制宜，頒佈合適的法令以養民、愛民。還須在另一方面，從人文化
成的角度，提攜人民共同參與歷史文化的搏造，教育人民以敬德祭祀鬼神，
培養超越的道德意識、宗教意識，以溝通天人物我，澈知幽明一體，此即仁
義並行、迭相主輔之道，要言之，王者必須合體天地生成化育之德，兼用仁
義禮樂來教化人民。

第五章 禮用的論述之二——即「政治」論外王面的開展

　　本章將探討儒家政治哲學的形上原理，說明〈哀公問〉、〈仲尼燕居〉、〈孔子閒居〉三文皆從孔子論禮的言談中，瞭解禮在政治上運用的意義及具體功用，第一節從文獻上考察三篇文字意旨中正深切，故船山斷定其內容眞爲孔子所言。第二節，據〈哀公問〉說明禮是人民生活的重要憑藉，再落實於五倫等級及喪祭典禮，說明愛敬之道德情感及昏禮是政治所以完善的根本。第三節從〈孔子閒居〉說明當政者須有爲民父母之體認及胸襟，其關鍵在於能通達禮樂之原的道德心性，達到「致中和，天地位焉，萬物育焉」的境界，能掌握禮樂之實質，就不再會執著禮樂表現在外的形式。第四節從〈仲尼燕居〉說明禮是照應生活實事，周詳該徧地予以安頓，闡明其即事顯理，斟酌眾情的特性，與前節〈孔子閒居〉所論相爲表裏，而側重在談「用」之大。

第一節 〈哀公問〉、〈仲尼燕居〉、〈孔子閒居〉的文獻考察

　　《禮記》卷二十七至卷二十九的三篇文章，詳盡深刻地表達儒家的政治哲學，分別從當政者及學術探討的兩種角度予以敘論，體裁上同樣是採用問答法，託言孔子論禮，逐層深入且廣泛地觸及禮在各方面的表現。其中二十七卷〈哀公問〉敘述魯哀公向孔子問政，孔子恭謹而全面地回答「禮」在政治層面上的意義及其具體功用。就在君臣一往一來地問答之間，展現儒學的

最高政治原理與宗教、政治、社會、家庭各方面的應有作爲及價值。

另外二篇，二十八卷〈仲尼燕居〉、二十九卷〈孔子閒居〉則表現了孔門師弟間的傳承禮意、探索眞理的過程，內容上前篇談「用」，後篇說「體」，藉由孔子與門下高弟的學術對話，抉發禮文的價值，〈仲尼燕居〉是孔子與子張、子游、子貢三位弟子高談闊論地發揚禮的實用功能。〈孔子閒居〉則是孔子對子夏闡述禮意的形上意義及禮文的根本原理。

一、三文中正深切，爲孔子之言

綜看此三篇文字、一方面是君臣之間從政治角度深掘禮意，另一方面師弟之間從學術立場闡釋禮意，分別代表「政統」與「學統」，合以呈顯「道統」的重要篇章及對話，[註1] 其價值甚高，即使後世學者懷疑內容爲僞造，其實不應妄疑其學術地位及所涵具的價值。船山曰：

> 凡〈哀公問〉、〈仲尼燕居〉、〈孔子閒居〉諸篇，文詞複縟，與《論語》、《易翼》爲夫子之言者迥異，故論者疑爲僞作。然《大戴記》亦載〈哀公問〉一篇，又其他篇夫子與哀公問答不一，體制皆與此篇相類，要其中正深切，非後儒之所能作，但當時坐論之際，以口說答問，門弟子遞傳而後筆之於書，則其演飾引伸，而流爲文詞之不典者有之矣，固不可以其詞而過疑之也。（《禮記章句·卷廿七，哀公問·序》，頁 1179）

直接從三篇文字的思想內涵「中正深切」，肯定必爲孔子的思想言論，並從文獻及撰文者二方面加以釋疑。其一在文獻的角度，三篇行文舖排弘闊，衍爲對禮文探索的長篇問答與講論，雖不同於《論語》、《易翼》文詞的簡潔語錄形態。但船山從《大戴禮記》有同名篇章及他篇文字有相似內容給予澄清。其次是從撰文者角度，說明孔門後代弟子將口說答問予以紀錄傳承，雖在文詞上不免會有演飾引伸，但根本義理仍是原本孔子之意，不可遽疑其爲僞作。因爲先秦的重要學派都經過基本理論的建立及承傳衍論，乃至涵蓋論敵觀點

〔註1〕 道統、學統、政統三詞的概念及用法，參見牟宗三：〈略論道統、學統、政統〉一文，收於《生命的學問》，臺北：三民書局·1976 年，頁 60～71。王船山則認爲「儒者之統與帝王之統並行於天下，而互爲興替。」《讀通鑑論》卷十五，其中理論分析詳見林安梧：〈正統論的瓦解與重建——以王船山人性史哲學爲核心的理論與詮釋〉一文，收於氏著《中國近現代思想觀念史論》，臺北，學生書局，1995 年，頁 43～61。

的階段，因此成篇過程延續甚久，也不獨儒家學派是如此。總之，船山推原
成書過程，將歷史進程的時空背景納入考慮，予以客觀同情地了解，並從義
理上衡斷其文獻眞假。

二、孔子尊君明道，樂與人善

　　船山也從「知人論世」的角度，考察孔子與魯哀公論禮時的立場態度，
他說：

> 當哀公之時，夫子老而致政，與諸弟子講說於魯，哀公聞其風而就教，
> 故夫子卒而公誄之曰「無自律」，則公之及於夫子之門，微矣。觀公
> 問答之間，亦若知有道者，而夫子以君臣之禮對之較詳，蓋聖人尊君
> 而急於明道，樂與人善，而不以不足與言薄之，斯聖道之所以大也。
> 若公之說而不繹，從而不改，聖人亦末如之何，而豈預億其不足有爲
> 而拒之乎？抑公之失信無禮、興戎辱國，夫子際其分崩離析之時，不
> 即摘其極敝之端以繩糾之，而所陳說者猶是百王不易之大道，豈徒爲
> 迂闊而亡當哉！（《禮記章句・卷廿七，哀公問・序》，頁 1179）

先說魯哀公欣慕夫子講學而聞風就教，孔子並不因他政治地位特殊及政治才
能駑鈍頑固而排斥他，也不因他道德上失信無禮、政治上興戎辱國而鄙薄他，
而仍是依循禮儀，尊君明道，不須對他蔽壞政治一事予以激切地指責，而只
是告訴國君在政治上應有的高遠理想及作爲，給予他充分自尊自信及對人性
本善的肯認，此即所謂的「百王不易之大道」，不可誤以爲是迂闊不當的講論
學術。畢竟儒門廣大，聖人無棄人亦無棄物，〈曲禮〉也說：「禮聞來學，不
聞往教。」又說：「來而不往，非禮也；往而不來，亦非禮也。」國君既以禮
求道，孔子焉得不竭盡所能以教導他，這一種與人爲善的態度及忠君愛國的
表現，正符合禮學的基本精神。何況在講論之際，孔子仍保有自身立場及言
談的分寸，逕直陳述正道眞理，給予啟發，適足以振聾發聵，若未遇解人，
而仍可無傷，這也觸及到儒學「致廣大而盡精微，極高明而道中庸」，[註2]
不離人間政治社會，於日用尋常之間，講論道德實踐的特性。因此船山又曰：

> 孟子曰：「夫道一而已矣。」以爲堯舜而無不足者，以救亡圖存而不
> 能離此以爲道。聖人之教初無因人因事之異，後儒不察，乃有救病
> 施藥之說，變其彀率，以枉己而思正人，此教之所繇圮，道之所由

〔註2〕《中庸・第二十七章》。

晦，而豈聖人之若是哉？此篇所問答皆謹禮之論，故記者採焉。(《禮
記章句・卷廿七，哀公問・序》，頁 1179～80)

孟子所說「道一」即是肯定人人皆有良知善性，行仁政以保民，不會因時、
因地、因不同聖王之治政而有所更改，即前文所述「百王不易之大道」，莊子
後學曾說孔子「良醫之門多病人」，仍未能探及儒者的眞正關懷，是在於善美
人性及其所孕育而成的歷史文化。因首重道德本心的動源，故儒者重視先求
諸己，須堅定自我道德立場，正心誠意以修身，尤不可「枉己而思正人」。而
後世儒者若不能明白儒家本質原理在於「仁、禮互涵」，主觀道德實踐與客觀
道德結構的互動相涵，則將囿限於站在禮教的立場苛求妄責，衍爲禮教吃人
之酷烈行爲，反而造成對儒家思想的誤解及戕害。

〈哀公問〉前序肯定三篇文字的孔門政治思想正如上所論，本文則分爲
兩大段予以解析，如下節所述。

第二節　〈哀公問〉的政治哲學

一、民之所由生，禮爲大

〈哀公問〉首章記載孔子針對哀公「大禮何如？」之提問，有一綱要性
地回答曰：

> 丘聞之，民之所由生，禮爲大。非禮無以節事天地之神也，非禮無
> 以辨君臣上下長幼之位也，非禮無以別男女父子兄弟之親、昏姻疏
> 數之交也。君子以此之爲尊敬然。」(《禮記・哀公問》，頁 1180)

孔子認爲禮是生活上與生命中最重要的憑依，而君子崇尙禮的原因，在於禮
具有宗教、政治、倫理三方面凝結秩序的功能。其一，就祭祀上說明要正確
恰當地祭拜天地神明，節，是不僭不怠之義，因天地間諸神尊卑不同，須各
以人爵等級之制限事之，如天子祭天地，諸侯祭社稷。其二，就政治上說明
辨正名分可以達到使人民生活安定的需求。其三，就倫理上說明親疏有別，
可以使得吾人生活厚實。上述所論，要言之，也是從「尊尊」、「親親」二角
度予以解析，並歸其本於孝悌，再延伸爲喪祭典禮。而周文的尊尊親親即被
孔子所繼承，並表述爲「必也正名」及「仁者愛人」的思想，若約言之，則
是禮、仁二端之互動、凝合，故王船山論述本文要旨曰：

> 人生於天地，而名分以安其生，親愛以厚其生，皆本之不可忘者也。

（《禮記章句，哀公問》，頁 1180）

從禮與仁二端分言「正名」及「愛人」之意。前者「名分以安其生」即如小康之世「禮義以爲紀」，在禮儀規範下名分既定，則人皆可名正言順地成就眾事，藉以肯定自我以安頓心靈，故「康」即是「安」之義。至於後者「親愛以厚其生」則在言「親親而仁民，仁民而愛物」，及「我欲仁，斯仁至矣！」之仁心充盈流貫的境界，生活條件待到充實穩定，而有厚實之感。於是〈哀公問〉文中孔子續從倫理、政治、宗教三方面詮釋其意旨。

（一）五倫配合制度儀節以化民成俗

〈哀公問〉又載孔子之言曰：

> 然後以其所能教百姓，不廢其會。節有成事，然後治其雕鏤文章黼黻，以嗣其順之。（《禮記章句·哀公問》）

透過禮文之等級秩序，及衣裳器皿之區分所蘊含的正名思想，再以愛民爲前提，教育其面對五倫關係之客觀常軌，即可利導人情，達致化民成俗的效用。船山於此段文字章解句釋曰：

> 「所能」者，百姓之所可能也。「會」者，五倫交接之誼。「節有成事」，謂逐節而皆有定制也。「雕鏤」，器皿之飾。「文章黼黻」，衣裳之飾。「嗣」，繼也，繼成事而增之美也。「順」者，順人心之安也。
> （《禮記章句·卷廿七、哀公問》，頁 1181）

肯定人人皆有天生本具的良知善性，皆有被開顯教化的可能性。其次，實現禮行的場域，則是五倫關係裏的日常生活軌道，再次爲政治建構裏各種制度儀節的確定，佐以合乎各個角色身分的器物衣服，以成就一一禮文，凝定爲豐美富厚的文明內涵，歷史人文既能繼踵增美，而且百姓的心性得以寬裕清暢而得到安頓。船山於是贊歎其成效曰：

> 禮者，人心之所共安，百姓之所與能者也，既盡其質，又備其文，以利導人情使之相長，而非有所強於天下，故極其盛美而非過也。
> （《禮記章句·卷廿七、哀公問》，頁 1181）

禮源於人心之仁，凝爲定制之後，又還以滋養仁心，使其日生不已，禮與仁交養互成。故禮不外乎人情，且須肯認人性皆善。落實在倫理生活中，藉由禮文器物安頓人情，啓導仁心。因此，從內外二層，內盡其仁心義質，外備其禮文器物，則可引導凡民日趨上達，遠離利欲爭競及憂疑自卑，而培育成

爲文質彬彬的君子，共同構成爲一禮義之邦。

上述已將道德倫理與政治建構予以安頓，下文續論「宗教」意識的安排。

（二）喪祭之禮，厚其所由生

〈哀公問〉文中孔子又曰：

> 然後言其喪算，備其鼎俎，設其豕腊，修其宗廟，歲時以敬祭祀，
> 以序宗族。（《禮記・哀公問》，頁1181）

當政者化民成俗，還須提昇人的心靈境界，安排精神生活，其具體方法即是透過喪祭禮儀以延伸孝道精神於無限，使人知追慕及感懷先人德業，進而溝通天人，達到與無限者的相喻解相感通，體悟歷史文化中，精神生命的相續交流，超越己私而繼往開來。至於其實行步驟是船山認爲要論定「喪服粗細久近之差」，備妥犧牲，按時於宗廟祭祀，並藉此合族序其昭穆。故船山總評其意義說：

> 喪祭於禮爲尤重，故特申言之，要以厚其所繇生，而以所可能者立
> 教也。（《禮記章句・卷廿七、哀公問》）

從建立政教的觀點，結合倫理於政治中，貴族慎重地執行喪祭典禮，報本返始，不忘其初，上行下效，可以啓導凡民「慎終追遠，民德歸厚。」〔註3〕懂得飲水思源，報恩返本以安頓宗教情懷，使生命即有限而無限。可貴的是此政教措施，根據人人所可有的愛親敬長之心予以擴大延伸，絲毫不具強迫性。

（三）備禮爲正，勤儉恤民

孔子又曰：

> 即安其居節，醜其衣服，卑其宮室，車不雕幾，器不刻鏤，食不貳
> 味，以與民同利。昔之君子之行禮者如此。（《禮記章句・哀公問》，
> 頁1181）

孔子敘論王者以儉德自處之道，其理想人格「昔之君子」應即是〈禮運〉所載之小康六君子中的大禹。「菲飲食而致孝乎鬼神，惡衣服而致美乎黻冕，卑宮室而盡力乎溝洫。」〔註4〕爲百姓勤勞而不貪圖個人享受，也有孟子所言「王者制民之產」，「與民同樂」之義，〔註5〕船山析其義曰：

〔註3〕《論語・學而》。
〔註4〕《論語・泰伯》。
〔註5〕《孟子・梁惠王》。

　　禮極於文，君子不以用物爲惜，要以備禮爲正。至於禮文無缺，則
　　力崇節儉，以澹泊止爭而恤民，禮之所爲行而不匱也。(《禮記章句‧
　　哀公問》，頁 1182)

禮文內蘊道德原理，君子於用物之際，不僅是要有惜物之心，而更須是了解
所用之物的道德價值，此中道德價值仍須由人賦予及實現。故雖備具禮文，
尤不可忘本，此則良知眞心是也。此即孔子回答林放「問禮之本」時所謂「禮，
與其奢也，寧儉；喪，與其易也，寧戚」之意。〔註6〕理想的政治人格於啓迪
人民良知，溝通天人，感悟無限之後，還須體恤民力，崇尙節儉，以淡泊自
處，回歸到生活樸實儉約的眞相，如此禮文才能維持其深刻意義而可久可大。
下文又從今之君子與古之君子作一對比。

（四）奢者，禮之賊

　　〈哀公問〉又載云：

　　公曰：「今之君子胡莫之行也？」孔子曰：「今之君子好實無厭，淫
　　德不倦，荒怠傲慢，固民是盡，午其眾以伐有道，求得當欲，不以
　　其所，昔之用民者由前，今之用民者由後，今之君子莫爲禮也。」
　　(《禮記章句‧卷廿七、哀公問》，頁 1182)

用對比手法，說明當時爲政者好利無厭，沈湎淫樂，迕逆眾心而窮兵黷武，
希冀侵略之利以滿足欲望，船山即評釋「今之君子莫爲禮」是「縱欲敗度，
民勞物匱，而志不在行禮。」正可反證小康六君子以禮治國，並以儉德固本
的仁政措施。船山於是總結此節文字曰：

　　右第一章。此章之旨，大要以居儉爲主。林放問禮之本而夫子答之
　　以儉，其意略同。蓋吝者儉之反，而奢者禮之賊，天理人欲之消長，
　　民力物產之盈虛，有餘於彼則不足於此，一自然之理也。(《禮記章
　　句‧卷廿七、哀公問》，頁 1182)

以儉德實踐禮的內涵精神及器物的道德價值，是儒學特質之一，此有二義可說，
其一從「理欲合一」而言，船山能正視人欲爲自然生命的表現，要從人欲的運
行中，體認天理即從中實踐，理欲之間並非截然對立，而有其平衡折衷之處，
此係因從易理「乾坤並建」通觀宇宙全體的盈虛消長，才不致偏執一端。其二，
《禮記》作者已能兼融墨家、道家思想，例如老子曰：「吾有三寶，一曰慈，二

────────────────
〔註6〕　《論語‧八佾》。

曰儉；三曰不敢爲天下先。」〔註7〕墨子也說「節用」、「節葬」，其中道家超越人文層次以作用地保存「禮」的功能，〔註8〕可以作爲儒家之輔，墨家則從勞動者階層立言，反對禮樂及奢華，雖缺少文化內涵，易導致偏枯、吝嗇的弊端，所以船山才說「吝者，儉之反」，但對於周文疲弊，封建制度裡諸侯奢侈越軌的行爲，有其現實批判作用。由上可見，儒門後學承傳禮義，能掌握孔子的義理，並兼攝道、墨諸家思想，這當是戰國末年諸子合流的大勢所趨。

二、人道政爲大

〈哀公問〉第二章記載：孔子侍坐於魯哀公，哀公問「人道誰爲大」，孔子回說：「人道政爲大」，船山注解曰：

> 人道，立人之道。政，教令也。教令設於上而民莫不從，是人道之統紀也。（《禮記章句‧哀公問》，頁 1183）

所謂「人道」即是《易傳》所說：「立人之道，曰仁與義。」〔註9〕是指在政治建構及社會生活中，當政者能設計出一套制度和規範，使人與人之間的情意能充分交感通流，並且能樹立人性尊嚴，表現人格價值。這與法家不同，因爲法家著重客觀硬性的條文禁令及監控技術，使人民心生畏懼，故不似儒家寓有倫常綱紀的教育功能，足以昇華人性，啓迪良知，使人民樂於遵從，此如孟子所言：

> 善政，不如善教之得民也。善政，民畏之；善教，民愛之。善政得民財，善教，得民心。〔註10〕

因此船山以「教令」二字闡釋「政」之義，即實指「禮」而言。於是〈哀公問〉後文續有幾番問答，釋義如後：

（一）政者，正也

> 公曰：「敢問何謂爲政？」孔子對曰：「政者，正也。君爲正，則百姓從政矣。君之所爲，百姓之所從也。君所不爲，百姓何從？」（《禮記‧哀公問》，頁 1183）

孔子認爲政就是正，爲政的關鍵在於當政者能夠修養自身，國君本身行得正，

〔註7〕《道德經》，第六十七章。
〔註8〕參見牟宗三，《中國哲學十九講》，臺北，學生書局，1983 年初版，頁 134。
〔註9〕《說卦傳‧第二章》。
〔註10〕《孟子‧盡心上》。

則百姓以爲榜樣，會跟著做得正。因此是以身作則，上行下效，出令即有其尊嚴及客觀說服性，因此船山釋曰：「爲正，正其身以正人也。」與《論語》中的記載相發明，孔子回答季康子問政說：「政者，正也，子帥以正，孰敢不正？」〔註11〕又說：「無爲而治者，其舜也與？夫何爲哉，恭己正南面而已矣。」〔註12〕皆是重視聖君賢相式的模範領導。

（二）夫婦別，父子親，君臣嚴

> 公曰：「敢問爲政如之何？」孔子對曰：「夫婦別，父子親，君臣嚴。三者正，則庶物從之矣。」（《禮記・哀公問》）

申言正己而後正人的範例自三綱始，爲政的根本方法在於掌握三件事，夫婦有分限，父子相親愛，君臣相敬重，如此生活中其他事項自然跟著做好。因爲父子孝道乃宗教祭祀超越意識之起點，夫婦之昏禮乃社會穩定之基礎。君臣之義不可逃於天地之間，忠愛國君，乃施政之要則。三事也相當於《禮記・大傳》所言「親親，尊尊，男女有別」三事，船山則說：

> 嚴，敬也。《易》曰：「有夫婦然後有父子，有父子然後有君臣。」三者之序也。（《禮記章句・哀公問》，頁1183）

視夫婦爲社會各種關係的根本，其次才說父子和君臣，正可反照後世君權專制及父權至上的謬誤，並開啓〈哀公問〉下段文字鄭重論述昏義的緣由。

（三）愛與敬乃政之本

> 公曰：「寡人雖無似也，願聞所以行三言之道。可得聞乎？」孔子對曰：「古之爲政，愛人爲大。所以治愛人，禮爲大。所以治禮，敬爲大。敬之至矣，大昏爲大，大昏至矣！大昏既至，冕而親迎，親之也。親之也者，親之也。是故君子興敬爲親，舍敬是遺親也。弗愛不親，弗敬不正。愛與敬，其政之本與！」（《禮記・哀公問》，頁1183～4）

意謂要重視天子諸侯的婚禮，作爲人民表率。因爲對妻子有愛有敬，才是愛別人的起點，也就是政務的起點。因此在婚禮中的每一步驟儀節之間，都洋溢通貫著「敬」的精神態度，尤其是婚禮時，人君穿著祭服及親自迎娶，是謂「冕而親迎」，以表示敬重、嚴肅之義，值得注意。而愛與敬二者，即分別

〔註11〕《論語・顏淵》。
〔註12〕《論語・衛靈公》。

指涉仁與禮二端的協調互動。故船山對君臣父子夫婦三種人際關係的分析是：

> 三者，人倫之本，皆以愛爲主，而愛而不狎，有禮而非虛文，則敬
> 其至矣。(《禮記章句·哀公問》)

說明愛心須避免因狎暱而自私變質，禮文則須避免只重視外在框架而失去眞誠。但又爲何特重昏禮？船山續曰：

> 君子行禮，無所不用其敬，而昏姻之際，易於狎暱而忘敬，乃實
> 則父子君臣之本、王化之基。唯發乎情，止乎禮以敦其敬，而後
> 可以立人道之本，故尤爲敬之至大者也。(《禮記章句·哀公問》，
> 頁 1184)

配合婚義，說明家庭爲社會的基礎，其意義莊嚴而深遠，文中「王化之基」係指《詩經》以〈關雎〉爲周南始篇，被視爲后妃之德、王者之風，末句「鐘鼓樂之」，爲天子諸侯大昏之義，不屬凡民，如《毛詩·序》曰：

> 然則關雎麟趾之化，王者之風，……周南召南正始之道，王化之基，
> 是以關雎樂得淑女以配君子。憂在進賢，不淫其色，哀窈窕，思賢
> 才，而無傷善之心焉，是關雎之義也。〔註13〕

船山即以詩序合釋禮意，視愛與敬爲政治哲學中最根本的道德原則，故注「政之本」曰：「正己以正人之本，閨門爲風化之始也。」可見貴族婚禮具有鄭重嚴肅的教育意義。

(四) 大昏，萬世之嗣

> 公曰：「寡人願有言，然冕而親迎，不已重乎？」孔子愀然作色而對
> 曰：「合二姓之好，以繼先聖之後，以爲天地宗廟社稷之主，君何謂
> 已重乎。」公曰：「寡人固。不固，焉得聞此言也。寡人欲問，不得
> 其辭，請少進。」孔子曰：「天地不合，萬物不生。大昏，萬世之嗣
> 也，君何謂已重焉！」(《禮記·哀公問》，頁 1185)

哀公認爲冕是人君的祭服，穿著以進行親迎之禮，似乎太過敬重其事。孔子則認爲婚姻聯合異姓宗族，而且夫婦作爲祭典中的主人，具有繼往開來的歷史意義，使宇宙萬物及民族生命得以延續通流，超越人類有限性，使生命精神企及於無限者，然而哀公仍因固陋不解而再請孔子釋疑，最後方知婚姻的重大意義在於永續後嗣，以創造永恆的生命之流。因此船山曰：

〔註13〕《毛詩故訓傳》，收於《毛詩鄭箋》，臺北，新興書局，1981 年，頁 1。

> 哀公雖喜於聞所未聞，而終以昏姻爲男女之欲，而繼嗣爲其後起，
> 不知人情之動，即天地生物之理，褻之則從欲而流，重之則生生之
> 德即此而在。蓋天理人欲，同行異情，順天地之化，而禮之節文自
> 然行乎其中，非人欲之必妄而終遠乎天理，此君子之道所以大中至
> 正而不遠乎人也。（《禮記章句・哀公問》，頁 1185）

哀公視婚姻之主意在於滿足男女欲求，卻不知生命的繼往開來是婚姻背後的
重要內涵，孔子則從宇宙的全體大用看出，禮樂制度中，天子諸侯的貴族婚
姻係效法宇宙生化，天地配合而滋生萬物的規律，指點出婚姻的意義，成爲
百姓效法的常行，藉以延續人文世界的統緒。船山繼承此義，而用其獨特的
理欲合一觀點加以闡釋。

船山認爲男女之欲是人情的自然發露，乃天地生生之德的具體表現，天
理即在感性欲求之中當幾呈現，因此不可將理、欲二者截然劃分爲形上、形
下二者，以理遏欲。船山將「氣」上提至體的地位，即氣言體，即器見道，
而理即在欲中表現，離欲即無以表現理的存在，理並非掛空虛懸，而是如中
庸所言「君子之道，造端乎夫婦」、「道不遠人」之義，〔註 14〕由是婚姻這一
事行就因其人存心的或正或偏，而有高、下不同的理解，究其實，君子之道，
必然是即日常生活儀文器用之間，表現其義蘊的。

船山明顯地採行湖湘學派胡五峰的觀點，五峰《知言》曰：「天理人欲，
同體而異用，同行而異情。」意謂天理人欲爲同一事體而異其表現之用，同
一事行而異其情實。〔註 15〕另外船山也融合張載重氣的義理方向，正視現實
存在是天理良知發用的場域。

第三節　〈孔子閒居〉論禮樂之原

一、民之父母必達於禮樂之原

　　船山於〈孔子閒居〉篇首云：

> 此篇之義，與上篇（按，指〈仲尼燕居〉）相爲表裏，上篇言其用之
> 大，而此篇言其體之微，學者參觀而有得焉。則體用同原之理亦可
> 見矣。（《禮記章句・卷廿九、孔子閒居》，頁 1203）

〔註 14〕《中庸》，第十二、十三章。
〔註 15〕牟宗三之說法。參見《心體與性體（二）》，臺北，正中書局，1978 年，頁 454。

爲明體達用，茲先分析〈孔子閒居〉一篇之主要義理。原文首段記載：

> 孔子閒居，子夏侍。子夏曰：「敢問《詩》云：『凱弟君子，民之父母』，何如斯可謂民之父母矣？」孔子曰：「夫民之父母乎！必達於禮樂之原，以致五至，而行三無，以橫於天下，四方有敗，必先知之，此之謂民之父母矣。」（《禮記·孔子閒居》，頁1203）

民之父母，係指君子能以禮樂化成天下，興利除害，使四海之內無有一物不得其所之謂。原出《詩經·大雅·泂酌》，意在稱美周成王有爽快隨和的性情，且因行此樂易之德，故能成爲民之父母。〔註16〕至於孔子回答子夏的提問，則予以創造性地說明，認爲民之父母必須通解禮樂的原理，達致五至，實行三無，推擴於天下。此外，還須事先察識四方人情的缺陷，用心加以警戒。如此，才有資格成爲民之父母。船山則釋義曰：

> 禮樂者，君子所以化成天下而爲元后父母之實者也。然非達於其原，則積之不厚而用之不弘，五至三無之道，所以達其原而深體之也。至，以存諸中者而言，謂根極周浹而誠盡其理也。無，以發諸用者而言，謂未有其文而德意旁通，無不遍也。橫者，彌綸充滿之意。敗，謂人情之缺陷。知之，察識而警於心也。（《禮記章句·卷廿九、孔子閒居》，頁1203～4）

禮樂教化的政治原理，必須內具深厚根源，才能恢宏其外在運用，此唯藉由「五至」、「三無」之道深化本原，再予體現。而船山明顯係以〈中庸〉所言「中和」之義合釋「五至」、「三無」。如〈中庸〉曰：

> 喜怒哀樂之未發，謂之中；發而皆中節，謂之和。中也者，天下之大本也，和也者，天下之達道也。致中和，天地位焉，萬物育焉。〔註17〕

是故，「五至」所指涉者，即是「未發之中」，天道流行所賦予人的良知善性，明德眞誠。必如此，才能對人情之缺陷，加以察識而警於心。其次，三無所指涉者，即是發而皆中節之和。而且「誠於中，形於外」，不必拘執外在的禮文儀式，因有五至的內涵實質，故能德意旁通周遍，彌綸旁通於天下，而這

〔註16〕按《大學·傳十章》亦引《小雅·南山有臺》：「樂只君子，民之父母。」曰：「民之所好好之，民之所惡惡之，此之謂民之父母。」船山《大學衍》曰：「言能絜矩而民心爲己心，則是愛民如子，而民愛之如父母矣。」則更從結果言能得民心，則民亦將愛之如父母。

〔註17〕《中庸章句·第一章》。

也是〈大學〉所云「在新民」之義，又因用而無用相，故謂之無。

二、五至——「志」之所至即盡心之義，而「詩禮樂哀」符應於四端之心

《禮記‧孔子閒居》又載：

> 子夏曰：「民之父母既得而聞之矣，敢問何謂五至？」孔子曰：「志之所至，詩亦至焉；詩之所至，禮亦至焉；禮之所至，樂亦至焉；樂之所至，哀亦至焉。哀樂相生。是故正明目而視之，不可得而見也；傾耳而聽之，不可得而聞也。志氣塞乎天地，此之謂五至。」

五至，簡言之，係指志詩禮樂哀五者是愛民之君所必須達到的五項標準。其中，「志」是主眼所在，而「志氣塞乎天地」是關鍵文字，如孔子於〈禮運〉云：「丘未之逮，而有志焉。」於《論語》中言「志於道」、「志於學」。〔註18〕又云：「興於詩，立於禮，成於樂。」〔註19〕孟子也說：「志至焉，氣次焉。……其為氣也，至大至剛，以直養而無害，則塞於天地之間。」〔註20〕綜合上引，似可掌握一線索，此即五至之義，應是融合《論語》、《孟子》、《中庸》等書義理而有的調適上遂。船山曰：

> 人君以四海萬民為一體，經綸密運，邇不泄，遠不忘，志之至也。乃於其所志之中，道全德備，通乎情理而咸盡，故自其得好惡之正者則至乎詩矣，自其盡節文之宜者則至乎禮矣，自其調萬物之和者則至乎樂矣，自其極惻怛之隱者則至乎哀矣。凡此四者之德，並行互致，交攝於所志之中，無不盡善。凡先王敦詩陳禮作樂飾哀之大用傳為至教者，其事雖頤，而大本所由和同敦化者皆自此而出，程子所謂「有〈關雎〉、〈麟趾〉之精意，而後《周官》之法度可行，此之謂也。」(《禮記章句‧卷廿九、孔子閒居》，頁1204～5)

首先發揮「志氣塞乎天地」之義，其義本於孟子所謂的先王「以不忍人之心行不忍人之政，治天下可運之掌上。」以及擴充四端之心：「苟能充之，足以保四海，苟不充之，不足以事父母。」〔註21〕因此，船山所言詩禮樂哀四者之義，竟符應於孟子所言四端之心。圖示如次：

〔註18〕 《論語‧述而》、《論語‧為政》。
〔註19〕 《論語‧泰伯》。
〔註20〕 《孟子‧公孫丑》。
〔註21〕 《孟子‧公孫丑》。

孔 子 閒 居	孟 子
1.「自其得好惡之正者，則至乎詩矣！」	→「是非之心，智之端也。」
2.「自其盡節文之宜者，則至乎禮矣！」	→「恭敬之心，禮之端也。」
3.「自其調萬物之和者，則至乎樂矣！」	→「羞惡之心，義之端也。」 （《易經》：「義者，利之和也」）
4.「自其極惻怛之隱者，則至乎哀矣！」	→「惻隱之心，仁之端也。」

是故詩禮樂哀四者即配合孟子四端之心的義旨，而特重其政教作用，故曰：「敦詩陳禮作樂飾哀之大用傳爲至教者」，即因有其天德良知之內在道德動源的掌握，而有王道大行，和同敦化之道德事業的體現。因此，〈關雎〉、〈麟趾〉二詩之精意，與《周官》之法度，實即仁禮二端，或者說是良知與制度二者交成互致的關係。故船山又曰：

> 樂非侈物，則和樂之中，惻怛不昧，或值其哀，哀可生而不相奪也；哀非喪志，則悲戚之當，心理交得，逮其爲樂，樂可生而不復滯也，而詩與禮之交相成者愈可知矣。蓋志之至者，盡心者也，盡心則盡性，故情有異用，而所性之德含容周遍，此天德王道之樞，大本之所自立而達道由之以行者也。存於中而未發，固不可得而見聞矣，乃函之爲志而御氣以周乎群動天地之間，物之所宜，事之所成，經綸盡變而不遺，則與父母於子存注周密而使各得其所之道同，抑所謂「能盡性則能盡人物之性也。」（《禮記章句·卷廿九、孔子閒居》，頁1204～5）

又由「哀樂相生」印證上文「詩禮交相成」之義。其次點出「志之所至者」即孟子「盡心知性」之意，且能下貫於情，則良知大本可以作爲天地民物、乾坤萬有的根基。再者，「志之所至」也是〈中庸〉所云「致中和，天地位焉，萬物育焉」〔註22〕及「能盡人之性則能盡物之性，能盡物之性則可與天地參矣」〔註23〕的意旨。對於道德形上學的最高理境，可謂充盡闡發。而本段文字也是船山哲學特點所在，將氣上提至體的地位，重視客觀存在，以及本必貫末的道德方向之正。總之，志詩禮樂哀五者皆本乎一道德眞心，其初雖非見聞之所能及，然而此志氣一發用則可充塞天地無所不在。因此誠如船山詮

〔註22〕《中庸·第一章》。
〔註23〕《中庸·第廿二章》。

釋〈表記〉「君子莊敬日強，安肆日偷」之語曰：

> 莊敬則志嚴，志嚴攝氣，氣以充體，斯日強矣。安肆而偷，則耳目
> 墮，筋骸弛，終日之間如無所措手足而不亡以待盡。故敬者，王者
> 以之祈天永命，君子以之修身立命，學者能體驗而有得焉，則近世
> 儒者竊道士胎息之說以言學，其陋見矣。（《禮記章句·卷廿九、孔
> 子閒居》，頁 1320）

船山明確站在儒家敬以持志，志氣並稱，重視德性心的立場，對於道家靈台
心虛靜心的限制，嚴以分辨。

三、三無——無聲之樂、無體之禮、無服之喪

《禮記·孔子閒居》又記載：

> 孔子曰：「無聲之樂、無體之禮、無服之喪，此之謂三無。」

船山釋義曰：

> 體，制度文爲之成體者。君子中和惻怛之德周遍流行，無所間斷，
> 雖聲容緣飾因事而隆，而盛於有者不息於無，故文有所替而德無不
> 逮，其以酬酢群有於日用之間者，無非此也。（《禮記章句·卷廿九、
> 孔子閒居》，頁 1205）

禮樂儀文制度表現於人文世界者屬於形而下之器，而其背後須有形而上之道
作爲根基，此即是天德良知，乃天命之性賦予人之後，尙待其人戒愼恐懼，
愼獨以達致中和之境，這也是孟子所說盡心知性之意，以及〈中庸〉「自誠明，
謂之性」〔註 24〕的義旨。即無論外在禮樂儀文如何隆盛，均無法自外於此內
在的道德心性修養，作爲其根基，故曰：「不息於無」，「德無不逮」，這是古
代聖王之德全才備者所能達致的境地。子夏於〈孔子閒居〉後文又曰：「敢問
何詩近之」，欲知何詩可以作爲三無之例證，船山釋義曰：「詩以道性情，而
先王之治理在焉，故欲以爲徵而知其爲德之實也。」藉由以意逆志的方法，
從詩句中了解古代聖王的施政原則及愛民的德意所在，茲據孔子所答三無之
義，配合船山之闡釋，分三段說明：

> 孔子曰：「『夙夜其命宥密』，無聲之樂也。」

船山釋義曰：

> 王者夙夜肇基以凝天命，唯務行寬大之政以周悉百姓，則德意旁流，

〔註 24〕《中庸·第廿一章》。

上下忻洽，不必弦歌鐘鼓而始以爲樂。（《禮記章句・卷廿九、孔子
閒居》，頁 1205～6）

無爲寬大之政，即是無聲之樂。例舉《詩・周頌・昊天有成命》之句，說明
成王日夜積德，承受深密的天命，其寬大的治政方針，德意流貫，使舉國上
下歡欣融洽，不用依靠音樂和諧的音律節奏來疏散百姓情緒，其寬大的政教
本身就足以安和百姓，具有音樂的莫大效用。

　　孔子曰：「『威儀逮逮，不可選也』，無體之禮也。」

船山曰：

　　逮逮，盛貌。不可選，言初終一度，不能選擇其孰肆而孰敬也。君
　　子莊敬日強，無時而懈，不待賓祭之接有體制之可修而始成乎禮也。
　　（《禮記章句・卷廿九、孔子閒居》，頁 1206）

無時而不恭敬即是禮，例舉《詩・邶風・柏舟》之句，說明仁人的威儀嫻熟
端莊，始終不懈怠，不必等到賓祭大典的來臨，隨時都保持憂患意識，戒慎
恐懼，敬謹修省。

　　孔子曰：「『凡民有喪，匍匐救之』，無服之喪也。」

船山曰：

　　君子心存惻怛，遇死斯哀，雖在五服之外，禮制有窮而哀遽不舍，
　　不待衰麻而始爲喪也。（《禮記章句・卷廿九、孔子閒居》，頁 1206）

於天地民物致其同體大悲，即是無服之喪，例舉《詩・邶風・谷風》之句，
認爲君子視天下凡民如自己親人，常存傷痛同情的心理，來救濟憐憫死喪窮
困的人，並不受限於喪服五等的親屬範圍之內，其大愛並無邊界。

四、五起——道德實踐止於至善，由近及遠的五個次第

　　子夏聽完孔子說明「三無」之精義後，師生間又有一段對話：

　　子夏曰：「言則大矣，美矣，盛矣！言盡於此而已乎？」孔子曰：「何
　　謂其然也？君子之服之也，猶有五起焉。」

船山解曰：

　　大者，體之廣。美者，善之純。盛者，用之博。服，謂修行之也。
　　起，發也。發而見諸用，必盡其善也。（《禮記章句・卷廿九、孔子
　　閒居》，頁 1206）

採用大學的「止於至善」之意，在君子實行「三無」的過程，須由內以發外，

由近以及遠，共分五個次第。原來，若僅到三無之地步，則只是陽明的良知學，下一步還須將良知大本，貫注於道德事業，然後道德良知才能在形器世界中真正證成其自己。故大本既定之後，再貫注於日常實事，才是明明德、親民之實功，必須指向對現實世界及人類非理性層面的改善才可以，這是一個永無止境的歷程，而也是船山重氣哲學，講求由本貫末之方向之正的義理特質，所必須體現的。這應是原本於孟子哲學，言浩然之氣是「集義所生，非義襲而取也。」〔註 25〕又言良心的存養擴充，所展示的義理規模，因此船山學其實是孟子學的真正傳揚者。

五起之義，說明如後：

1. 孔子曰：「無聲之樂，氣志不違；無體之禮，威義遲遲；無服之喪，內恕孔悲。」（《禮記‧孔子閒居》）

船山釋曰：

> 和生於志而動物者氣，志未敦篤則無以調御其氣，雖欲和而不得矣。不違者，氣從志順，無所乖忤也。遲遲，從容自得之意，安於禮也。恕者，如心之謂，樂生惡死，人之常情，以己揆物而悲自甚矣。三者根心達外而足於用也。（《禮記章句‧卷廿九、孔子閒居》，頁 1207）

「無聲之樂」，據孟子「知言養氣」的說法，「志至焉，氣次焉」，志、氣並稱，交養互成。良心持守道德方向之正，即可調御意氣感情的發用，達致和諧的狀態，不致有所乖忤。「無體之禮」，則是威儀從容自得，安然中道，避免迫促拘謹之表相。「無服之喪」是因曉得人性樂生惡死，故經常設身處地，站在別人的立場設想，而悲情自不能已。綜此三無之義，氣志發而皆能中節，威儀從容不迫，且能以己度人而實致其惻怛、同情之意。

2. 「無聲之樂，氣志既得；無體之禮，威儀翼翼，無服之喪，施及四國。」（《禮記‧孔子閒居》）

船山釋曰：

> 既得者，寬和之發，行之皆順也。翼翼，盛貌。施及四國，皆有恩恤以及之也。三者皆言發之盛，用足而能擴充之，則發之盛矣。（《禮記章句‧卷廿九、孔子閒居》，頁 1207）

三無既備具於內，氣志寬和如理，又能擴而充之，其用盛發，則威儀嚴正而

〔註 25〕《孟子‧公孫丑》。

充盛，能有恩恤及物潤物。

3.「無聲之樂，氣志既從；無體之禮，上下和同；無服之喪，以畜萬邦。」
（《禮記・孔子閒居》）

船山曰：

> 從者，與民宜也。志氣之發，皆順合民情而無所拂也。上下和同，
> 威儀宣著，人敬而親之也。畜，馴養也。萬邦之眾，逆順異情，而
> 閔恤之無間也。三者施行之宜，必厭群心，不特盡於己而抑無不洽
> 於眾矣。（《禮記章句・卷廿九、孔子閒居》，頁 1207～8）

上節言內外和同相得，此節從空間上言上下君民之間，能和睦而齊同，強調
「盡己之性，則能盡人之性」。上位者，威儀明朗，令人親、敬。而萬邦群眾
之民情參差不齊，皆能得到同情理解而受到關愛。

4.「無聲之樂，日聞四方；無體之禮，日就月將；無服之喪，純德孔明。」
（《禮記・孔子閒居》）

船山曰：

> 日聞者，道日盛而令聞日廣也。就，成也。將，進也。純德，惻怛
> 之德純一不間也。孔明，天下皆知其慈也。三者謂貞久而不渝也。（《禮
> 記章句・卷廿九、孔子閒居》，頁 1208）

在時間的進程中，仁心的聲譽廣爲傳播，威儀隨時皆有進境，其純粹的德性
及慈愛的形象天下皆知，又能精純持久而不改變。

5.「無聲之樂，氣志既起；無體之禮，施及四海；無服之喪，施于孫子。」
（《禮記・孔子閒居》）

船山曰：

> 起，動也，謂和氣感孚，天人交動而應之也。施及四海者，聲律
> 身度爲萬方之表率也。施于孫子，謂慈恤之政垂及後世也。三者
> 言其德盛化行之廣遠也。（《禮記章句・卷廿九、孔子閒居》，頁 1208）

這說明德政的最完善境地，縱通古今，遍及上下四方。王者能以身作則，從
心所欲而不踰己，其道德之盛，化行之遠，能使凡民氣志都起而響應，道德
一，風俗同，遍及四海，乃至後世子孫，這應當即是所謂「大同」的理想政
治藍圖。合此以見，禮樂原於一心，而可施展於天下，竟有如此功效。

上述「五起」之義，概括其意旨，作圖示如後：

三無 五起	無聲之樂	無體之禮	無服之喪	船山對三無之解釋
1.	氣志不違	威儀遲遲	內恕孔悲	三者根心達外，而足於用也
2.	氣志既得	威儀翼翼	施及四國	三者皆言發之盛，用足而能擴充之
3.	氣志既從	上下和同	以畜萬邦	三者施行之宜，必厭群心，盡於己而洽於眾
4.	日聞四方	日就月將	純德孔明	三者謂貞久而不渝
5.	氣志既起	施及四海	施于孫子	三者言其德盛化行之廣遠

　　總括上述五階段，其一說明禮樂根源於仁心，有良知立本而發用無窮。其二說明良知能存養擴充，向外發用。其三說人己上下能因內外交感通流而情意洽浹於眾人。偏從橫向空間上著眼。其四則在永恆無止境的實踐歷程上說明德性的精純專一及延續性。其五則從宇宙的時空全體說明仁者臻於上下與天地同流的化境。船山結論曰：

> 此章推本禮樂之原，乃天地中和洋溢充塞之化，爲喜怒哀樂未發中之天則，而大用流行，無有間斷。達於此者，唯盡性誠身以修之於己，乃以徵諸庶民，建諸天地，皆由此而推行之，其義與〈中庸〉「中和位育」之旨相爲發明，至深切矣。（《禮記章句・卷廿九、孔子閒居》，頁 1211）

其深刻內容與〈大學〉所言三綱八目的實踐規模可相印證而更爲具體賅博，也融合〈中庸〉極言的道德實踐及其境界。按《中庸・第二十九章》云：「君子之道，本諸身，徵諸庶民，考諸三王而不繆，建諸天地而不悖，質諸鬼神而無疑，百世以俟聖人而不惑。」說明聖人君子之道的無所不包，又須以其生命活動成爲道的具體化，故對於議禮、制度、考文等須極爲愼重。不僅要本諸身、還要考察百姓，再考之於三代王者的制度，以求不悖於天地，不疑於鬼神，即使百世之後的聖人也不以爲非。

第四節　〈仲尼燕居〉即事顯理、斟酌眾情

　　〈仲尼燕居〉與〈孔子閒居〉相爲表裏，而側重在談「用」之大。首章設立宗旨，曰：

> 仲尼燕居，子張、子貢、言游侍，縱言至於禮。子曰：「居，女三人

者！吾語女禮，使女以禮周流，無不遍也。」（《禮記・仲尼燕居》）

船山釋之曰：

> 周流，謂汎應眾事。遍，周詳也。（《禮記章句・卷廿八、仲尼燕居》，頁 1191）

本文是孔子與門下高弟縱談闊論有關於禮的一場學術對話。禮是照應生活中實事、周詳該遍地，一一給予安頓，點出禮的特質是即事顯理、理事合一的。

一、禮所以制中

> 子貢越席而對曰：「敢問何如？」子曰：「敬而不中禮謂之野，恭而不中禮謂之給，勇而不中禮謂之逆。」（《禮記・仲尼燕居》）

船山曰：

> 敬，謹恪也。野者，迫束無文之意。恭，莊遜也。給者，便捷足用而無實也。勇者，銳於有爲之稱。逆者，不順事理。（《禮記章句・卷廿八、仲尼燕居》，頁 1191～2）

敬、恭、勇等三種行事態度，應以禮節作爲準則，因爲禮的表現於實際生活中，重在優游自得，中節合度。不宜過度拘謹、莊遜或是銳意進行。否則會迫促、輕捷而違逆事理。三者之中，又以「給」之爲害最大。

> 子曰：「給奪慈仁。」（《禮記・仲尼燕居》）

船山釋曰：

> 再稱子曰者，良久更端而申說之。奪者，本有是心而因之喪失之謂。野、給、逆，三者皆德之累，而野與逆，其失易見。唯給近於敏，似習於禮者之爲。而志氣外流，交物不以其誠，則雖有慈仁之心且喪失之矣，是其爲害最大，故特申言之。（《禮記章句・卷廿八、仲尼燕居》，頁 1192）

禮非徒制度儀文之謂，須配合主體的道義、眞誠，「函之爲志而御氣以周乎群動天地之間」，給近於敏，似習於禮而便捷無實，須予明辨。故《禮記・仲尼燕居》孔子又曰：「禮乎，禮！夫禮所以制，中也。」船山釋之曰：

> 禮乎者，疑辭；再言禮者，決辭也。禮爲天理人情之極至，斯無可過，而循之以行，自無不及也。所以然者，禮之所自制，因乎夫人性情之交，本有此喜怒哀樂大中適得之矩則而節文具焉，聖人因而顯之爾，則率是以行，自與所性之大中合符，而奚過不及之有哉！

（《禮記章句‧卷廿八、仲尼燕居》，頁 1192～3）

船山斷句於「制」字，未連於「中」字，因為「中」字是天命之性未發時的狀態。文意根據〈中庸〉首段中和位育的意旨，加以發揮。禮的制定是上合天理，下治人情，根據天命之性而發用於情，皆能中節合度。故中即是仁，禮以仁為內質則有本而非虛文。

二、禮也者，領惡而全好

《禮記‧仲尼燕居》記載：

> 子貢退，言游進曰：「敢問禮也者，領惡而全好者與？」子曰：「然。」
> 「然則如何？」

船山釋曰：

> 領，統也。全，盡也。言人好惡之情萬變不齊，而禮以通眾情而斟酌之，使天下之人皆得以遠所惡，遂所好，無所徇而自無不給，乃所以無過不及而得其中也。（《禮記章句‧卷廿八、仲尼燕居》，頁 1193）

禮可以通達眾人情意，使其能作是非善惡之間的權衡判斷，而知趨善避惡，不被物欲權勢名利所惑。子游又想詳知其間大用。孔子曰：

> 郊、社之義，所以仁鬼神也；嘗、禘之禮，所以仁昭穆也；饋、奠之禮，所以仁死喪也；射、鄉之禮，所以仁鄉黨也；食、饗之禮，所以仁賓客也。（《禮記‧仲尼燕居》，頁 1193）

船山釋曰：

> 天曰神，人曰鬼。郊社言鬼者，以所配言之也。昭穆，猶言祖考。饋，虞祭。奠，喪奠。死喪，謂亡者。射，鄉射。鄉，鄉飲酒。食，以禮食賓。禮有公食大夫。饗，具禮飲賓。仁者，達其情而致愛敬之謂。禮行情達，則幽明遐邇好惡通而無有間隔矣。（《禮記章句‧卷廿八、仲尼燕居》，頁 1194）

申言各種禮儀，舉凡天神、人鬼、賓客之間，皆須其人以「仁」心主動應幾，作存在上的呼應。真誠表達愛敬之情感，而無有隱曲。此其理想境地是禮行情達，綜括天地之間一切存在，無分幽明遠近都毫無限隔。〈仲尼燕居〉又載：

> 子曰：「明乎郊、社之義，嘗、禘之禮，治國其如指諸掌而已乎！」
> （《禮記‧仲尼燕居》）

船山釋曰：

> 王道以人情爲極，情深而文明，幽明無二理也。此節之文屢見經傳，
> 所指各殊，而郊禘之義深遠廣大，隨所引而義著，蓋不可以一端盡
> 也。(《禮記章句·卷廿八、仲尼燕居》，頁 1194)

王道是政治最高理想而不外乎人情，若情感能深化則禮文明著，影響更爲深遠。諸禮之中以王者祭祀天地者最爲重大，藉以安頓人類報本復始的宗教情懷，肯定存在的意義，具有莫大政教功能，不可徒以迷信視之。孔子又言：

> 是故以之居處，有禮故長幼辨也；以之閨門之內，有禮故三族和也；
> 以之朝廷，有禮故官爵序也；以之田獵，有禮故戎事閑也；以之軍
> 旅，有禮故武功成也。(《禮記·仲尼燕居》)

船山釋曰：

> 居處，謂燕居坐立。三族，謂父族，母族，妻族。閑，進止閑習有
> 法也。此節言事待禮以成，蓋情達理得，則分定人和事敘而功成矣。
> 周子曰：「中也者，和也。」和則行之天下而無不達矣。(《禮記章句·
> 卷廿八、仲尼燕居》，頁 1194)

生活、家庭、國政、軍事各層面的實事，都須依靠禮文制度，而得安定。配合上段「禮以通衆情而斟酌之」之義，可謂情達理得，各人職分安定，人際和諧，事情得以敘列而成功，其義仍歸本於〈中庸〉首章所言：「中也者，天下之大本也，和也者，天下之達道也。」原文意旨已闡發精詳，餘文可不贅述。

第六章 禮用的論述之三——即「教化」論外王面的開展

　　本章說明外王學中教化學的原理，分從政治制度、貴族教育及音樂體制三方面指出其中政教意義。因為治理天下不外政、教二端，故第一節藉〈王制〉說明王者的政治措施依據「教本政末」、「體立用行」的原則，此不外於船山禮學以仁、禮二端相涵互動來構成歷史文化的見解。第二節〈文王世子〉則說明太子受教育須配合於整個貴族教育的原則，其間教育內容偏重倫理道德層面，孝弟之心的啟迪，而執行過程也需要配合氣候及學習內容作適宜調整。第三節從〈樂記〉說明船山特重樂的政教功能，並站在孟子性善的立場說明〈樂記〉文字已有駁雜，早已悖離性情通貫之義，及〈中庸〉中和之道的義理，必須區別其中所受到告子、荀子性論的不當影響。

第一節 〈王制〉論「教本政末，體立用行」

一、〈王制〉之文獻考察

　　船山的教育思想散見於〈王制〉、〈文王世子〉、〈學記〉、〈大學〉諸篇，從不同視角因機立言，宛然亦有一體系寓於其中，值得探討。就〈王制〉篇言，前半談政制，後半論教育，從中可知教育在政治層面上所佔分量之重。原考〈王制〉之作者，船山於該文篇首有所考證，除贊同盧植的說法：「漢孝文帝令博士諸生作此〈王制〉之書。」並加以申論曰：

> 當漢之初，秦禁初弛，六籍未出，《尚書》、《周禮》、《孟子》之書，學者或僅有聞焉而不能盡舉其全。文帝閔古王者經世之典湮沒無

考，故令博士諸生以所憶習輯而成篇，其於虞、夏、商、周宰制
天下之大法，亦略具矣。其間參差不齊，異同互出，蓋不純乎一
代之制，又不專乎一家之言，則時有出入，亦其所不免也。自今
觀之，有若駁而未純，而當文獻不足之時，節取之以記四代之良
法，傳先聖之精意，功亦偉焉。至其孰爲周制，孰爲夏、殷之禮，
固有難於縷析者，讀者達其意而闕之，不亦可乎！程子曰：「其事
固不可一一追復。」蓋至論也。（《禮記章句・王制》，頁 299）

首先分析漢文帝匯集〈王制〉一文的動機及其歷史背景，在於天下初定，典
籍難以察考，乃出以王者悲憫蒼生之意，召集儒門後學各憑記憶輯成其書，
雖純駁互見，但因居心公誠鄭重，乃甚有可觀，端在閱讀者能突破文字缺憾，
直接領受古聖先王設計這些法制的用心何在。故吾人從中可了解到〈王制〉
的價值，即在於大略具備虞、夏、商、周四代治理天下的良法美意。

二、王者治天下不外政、教二端

　　船山將〈王制〉全篇分章析句，釐爲三十五章，而以第二十章爲論政、
教的分水嶺，船山論此章曰：

此章言人性習相成，材質不齊而教不易施之理，以起下十章王者敷
文教、一風俗之意。蓋王者之治天下，不外乎政教之二端，語其本
末，則教本也，政末也。語其先後，則政立而後教可施焉。故自第
十九章以上言政之事，而此章以下至第三十章言教之事，王政本末
先後之敷施亦可見矣。（《禮記章句・王制》，頁 334）

由文中可以了解政治的具體措施包括「政令」和「教育」二大項。從理想上
說，教育是根本，此蓋〈中庸〉所強調的「修道之謂教」、「自明誠，謂之教」
之意。然而從實行過程上說，卻是政制須先立先行，於天下大亂初定之時，
先消極地作預防禁制的工作，其後再積極地觸發人性自覺，使其知恥力行。
此須配合西漢初歷史背景來看，於天下久歷戰爭，凋喪殘敗之餘，以政令消
極禁制，俾人民休養生息，先行之以黃老無爲之治，再徐圖以道德意識予以
豁醒其心知，或許不失爲良策。另外，在〈王制〉的篇章結構上，第七、八、
二十二章具有關鍵地位，以下試分數點加以說明：

（一）〈王制〉篇的綱領

　　船山於第三十五章篇末曰：

此篇之義，以前七章爲立政之統宗，第二十二章爲立教之綱領。（《禮記章句·王制》，頁369）

（二）〈王制〉篇之前七章言封建為宰制天下之大端

船山論曰：

此上七章皆記王者班爵授祿之制，蓋此爲宰制天下之大端，而下章以下所記選賢能、馭刑賞、行典禮之制，皆本此以緣飾之。（《禮記章句·王制》，頁310）

從上述二則可以了解，王者透過封建制度班爵授祿來確立家國天下的基本架構組織、及親親尊尊的大原則之後，即可進行具體政治措施，如選賢舉能，馭賞罰、行典禮，而教育制度即存在其中。

（三）〈王制〉前七章與後文有體用關係

船山論〈王制〉第八章曰：

承上制祿爵而言王者所以善其刑賞之用，唯公與慎而已矣。上七章之制，體也，此章所言，用也，體立而後用行，亦唯用之行而體非虛立也，自第九章以下，備記王者馭諸侯、齊萬民之大用，皆封建之所以可行而久安長治之本也。（《禮記章句·王制》，頁311～2）

文中的體非本體之意，而是指政治結構之定體，相當於《三禮》中《周禮》之地位。

（四）船山定〈王制〉二十二章為教民之制，為立教之綱領

〈王制〉第二十二章載：

司徒修六禮以節民性，明七教以興民德，齊八政以防淫，一道德以同俗，養耆老以致孝，恤孤獨以逮不足，上賢以崇德，簡不肖以絀惡。（《禮記章句·王制》，頁335）

說明司徒的任務，在以六禮、七教、八政作爲教育的具體條目，齊一道德標準，發揮倫理教化的功能；佐以養老、恤孤，則是教化人民於無形的具體措施，興發人民孝悌的心理。故船山評此章曰：

此章目言教民之制，爲下八章之綱領。（《禮記章句·王制》，頁336）

以上六禮、七教、八政即爲教育方法及目標，其實即詳載於〈王制〉篇末第三十五章。故船山論此章曰「此章因第二十二章有其目而未詳，故列言以釋

之。」詳敍如後。

（五）船山以〈王制〉第三十五章為立教綱領之詳釋

> 六禮：冠，婚，喪，祭，鄉，相見。七教：父子，兄弟，夫婦，君
> 臣，長幼，朋友，賓客。八政：飲食，衣服，事爲，異別，度，量，
> 數，制。(《禮記章句·王制》，頁 368～9)

六禮是天子達於士庶之禮，由司徒掌管，藉以教導士人及調節人民習性。
冠禮、婚禮是成人生命禮儀的起點及根本；喪禮、祭禮是生命禮儀的終點及
延續，愼終追遠以尊重生命。鄉飲酒禮及士相見禮則是社會交際禮儀，擴大
人間的交流與關懷於無窮之境。

七教是各種人際關係應如何交流溝通之道，如同五倫之教，須根據人性
中孝悌等善良稟賦，修此率性之道，完成此教育之實功。

八政之中，飲食滋養生命，衣食防護生命，二者亦是區分尊卑等級之文
明象徵。事爲是人民所從事之各種事業，異別指男女之防，度、量、衡是生
活中不可缺少之計量器具。制是建造宮室車服所須依據的準則。要言之，八
者皆有齊一規制，藉以從客觀層面防止違禮行爲之氾濫。

綜上所述，已大略可見〈王制〉借教育以化民成俗，在政治中所佔之份位
何在，以下即針對第二十、二十一、二十二、二十三章析述船山的教育哲學。

三、性習相成

船山之論教育，主張要立基於人性的基礎上，面對廣土眾民，將理想目
標貫澈實踐在政治社會人生之中，而船山論性並不單指形上之性，而是關連
著形色情才整體表現於形器日用而言。分言之，形上之性是與天俱來之先天
良知，已經陸象山、王陽明優予肯定，此亦船山立本之義。然而船山又強調
本必貫於末，故在實際作用上，不能單提形上之性，尚有後天之性，亦即習，
須隨著生命的長養漸修漸磨，而有內容之累積成長，日益篤實光輝，此之謂
性相近，習相遠。若就人性論而言，其理論根源來自於〈書經〉之「習與性
成」，與孔子所說「性相近，習相遠」之意。而在西漢初年成書的《禮記》中，
應早已融合荀子「化性起僞」、「人文化成」之義。例如《禮記·王制》曰：

> 凡居民材，必因天地寒煖燥濕。廣谷大川異制，民生其間者異俗，
> 剛柔、輕重、遲速異齊，五味異和，器械異制，衣服異宜。修其教，
> 不易其俗，齊其政，不易其宜。(《禮記章句·王制》，頁 332)

提到人民生活既受到天候、地理環境等因素長養，其情性材質、風俗習慣，乃至飲食、衣服、日用器物等，也必然會各有不同風貌的表現。這時國政之規劃執行者，宜因勢利導，使民性向上提升。雖有必要修其文教，齊其政令，但仍應尊重民眾的差異性，不可妄以外力強加改變，而惟須遵循倫常道德之原則即可。船山則評論此段曰：

> 居，處置也。材者，情才之所堪用以遵道而從教者也。……俗，習所成也。性相近，習相遠，因以成乎俗之異也。齊，調和也。異齊者，謂所以調和其剛柔、輕重、遲速，必從其偏而正之，道不同也。教，倫紀。政，禁令也。民因所生之異地，浸漸成俗，不可卒革，而俗宜之中，原有可因以復性之理，即此而政教固已行焉，則調其不齊而齊之，要使彝倫典禮無所窒而不行，而剛柔、輕重、遲速無非可與遵道之材矣。（《禮記章句・王制・第二十章》，頁332～3）

其意旨有二端可得而言：首先是教養民眾有人性本善的前提作依據，然後再依據形下材質層面因勢利導，使人民「遵道而從教」，其中「材」是生命存在的現實資藉，也是道（良心）所賴以表現的基底，可向上提升，亦可下委墮落，唯端賴道之引領提攜以表現理想。故〈中庸〉曰：「率性之謂道，修道之謂教。」

其次，民情風俗乃性習所養成，須在長期生活中逐漸形成。因地、因人而異，對於這些剛柔、輕重、遲速等不同表現樣貌，應尊重其差異性多元性，因材施教，而著重在道德觀念的啓導，促進倫常綱紀的實現，以及典禮制度之順利推行。凡此皆因情才形色乃是倫常禮儀在現實生活中，賴以表現的資具，又因精神理想不能空懸在上，必須下貫於形色情才及各項事物上表現之故。總之，教化措施能達致復性立人極的效果，使人人挺立道德主體性，拒斥欲望名利權勢等誘惑，而不致墮落，形成良風美俗，其用大哉。

四、安土置民，然後興學

教育的作用在於人文化成，改善政治社會的缺失，發揚倫理道德，提昇人性價值。教育的施行運作包括人民教養及貴族教育二層面。其中貴族教育側重在培養各級政治領導人具備倫理道德修養，俾能以身作則，上行下效。而給予人民的教養方面，則是令其安居樂業，淳樸好禮，忠愛家國社會。茲先論對於人民的教化工作。

　　船山認爲王者安置居民是興學的前提，此因從人性史上考量，性習的相養相成，初決定於對所居環境謹愼選擇，故制定宅地乃重要關鍵。如《禮記・王制》云：

> 凡居民，量地以制邑，度地以居民，地邑、民居必參相得也。無曠土，無游民，食節視時，民咸安其居，樂事勸功，尊居親上，然後興學。（《禮記章句・王制》，頁334）

末句所言教育興學，無疑是施政諸事中最根本的一環，誠如《禮記・學記》所言「古者建國君民，教學爲先。」然而在執行上的先決條件，仍是衣食物質生活，及家庭倫理上生活的安定，才是「富而後教」之意。孟子也說得民之道在於得民心，「得其心有道：所欲，與之聚之；所惡，勿施，爾也。」〔註26〕故在上文中強調要使人民安居樂業，而後可言興學。再看船山對前段文字的解釋是：

> 量者，酌田賦之多寡、道里之遠近以立都邑。度者，相山川原隰之便與阡陌遠近之則以立村落也。地足以供邑，邑足以治地，民居足以服田，聚散多寡，三者相稱，則各得矣。蓋習俗之淳澆至於不可推移，皆始於所居之異，故王者必於是而謹之。（《禮記章句・王制・第二十一章》，頁334～5）

意即土地廣狹肥瘠、城邑大小遠近、民眾數量多寡三者應互相配合得當，才能對習俗的淳樸有所助益，而不致流於澆薄，故具有決定性的影響，類似市鎮規劃之意。從中可以明顯看出人性的長養，關連著地理環境因素，無法抽離所生活的時空。一方面可以看出船山說人性是關連著存在的歷史人性學，注意到人性有其成長、累積的歷程，而不受限於初生一成之侷，據孔子所言「性相近，習相遠」，性、習二者有其互動相成之意。另一方面，除了發揮孔子「富而後教」之意，也兼融早期法家思想，如管仲曰：「倉廩實而知禮節，衣食足而知榮辱。」蓋衣食無虞之後，風俗人情自然優美，民知忠愛鄉土，亦能接受教育文化的薰陶。故船山又續曰：

> 地與居相得，則無曠土矣，邑與地相得，則無游民矣，而又制其食用之節，不奪其農之時，使得厚其生，則民安土無求，守先疇而生其忠愛，然後農愨士秀，風俗美而學校可興也。（《禮記章句・王制》，頁335）

〔註26〕《孟子・離婁上》。

土地、城邑、人民三者之間兩兩相得，則無曠土、亦無游民，人人安土重遷，安居樂業，有純樸農民及秀異知識分子，風行俗美而教化可興。融合孟子養民、保民而王的思想，也影響晁錯〈論貴粟疏〉所預取的重要觀點。〈王制〉第二十三章又言及教民選士及選賢任官之法。

> 命鄉論秀士，升之司徒，曰選士。司徒論選士之秀者而升之學，曰俊士。（頁337）

> 大樂正論造士之秀者以告於王而升諸司馬，曰進士。司馬辨論官材，論進士之賢者以告於王而定其論。論定然後官之，任官然後爵之，位定然後祿之。……（《禮記章句·王制》，頁339～40）

前段說明考核及選拔人材，層層升進的過程。後段則是選賢任官之法，經過嚴格的考核確認，再擇優上薦，經考評通過而正式任官的步驟。是故船山評之曰：

> 「辨論官材」，辨其材與官之各稱也。古者論官之法，掌於司馬而不領於冢宰。……三代之制，雖世冑之子，夙入大學而不由鄉舉，然入學以後，與鄉舉之士論賢雜進，所謂親親尊賢，仁義并行而不悖也。……乃知學校之法，一道德以同俗，其義深矣。（《禮記章句·王制》，頁340）

總之，〈王制〉先求安土置民以成良風美俗，而後興學教民，並從中選拔俊秀，升入大學予以深造，進而考核任官，其間實有完整之規制；而深合親親尊賢，仁義並行之道。

第二節　〈文王世子〉、〈內則〉、〈學記〉論貴族教育

一、文王視膳之禮以孝弟立教

船山於《禮記·文王世子》篇首言：

> 唐、虞之有天下也，皆選賢而禪，歷試而後授之，則既知其有天子之德，托以天下而亡所慮。夏后氏知其不可繼，而將有大姦飾德，欺中智以獵大位者，於是而與子之法立焉。孟子曰：「其子之賢不肖，天也。」聖人不能取必於天而相天之事起，故豫建世子而夙教之以孝友中和之道，以育其德。大戴氏及賈生皆推言三代有道之長莫不本此，旨哉其言之也！此篇之旨，亦以是爲有天下國家者平治之本

圖，蓋與大戴、貫生之所稱述同其歸趣，而以孝弟爲立教之本，禮樂爲成德之實，尤爲宏深而切至。顧其爲文，雜輯眾論而非一致之言，未能裁正而著明之。若周公踐阼之文，亂人竊之以成其逆行；夢與九齡之事，妄人資之以伸其誣說。是以學者或病之，而要諸記者立言之本旨，則固未有失也。善讀者通其意而勿滯其辭，斯得之矣。凡十一章。（《禮記章句・文王世子》，頁 503）

船山採取「理、勢合一」的歷史觀，故因應其歷史發展的觀點，認爲三代之以家天下取代禪讓政治，乃時勢所趨。其一是禪讓不可繼爲常法，蓋恐將有姦惡之徒矯飾德行以獵取大位。其二是太子之賢愚不肖難以預料，故須特別重視世子（也包含貴族階層卿大夫士的嫡長子）的道德人格教育。從這觀點可看出《禮記・文王世子》在君主專制時代尤應有之地位與價值。在禮學史上則漢初戴德、賈誼皆能體察此文深意。船山並揭示其中重要旨趣爲：「以孝弟爲立教之本，以禮樂爲成德之實。」此因前者指涉仁心道德良知之生發，其表現以孝親敬長最爲眞純誠篤，而後者乃重視貴族教育能促成禮樂治世（道德事業）之發皇。在文獻上全文雖是雜輯眾論，立說未能一致，卻需要讀者能通曉其正意，而勿滯塞於蕪詞。

船山析解〈文王世子〉第一章內容爲世子視膳之禮，分二節，前節述文王朝見其父王季時表現之孝行，次節述武王能沿承此禮以行，日操存於心而不敢忽略。船山曰：

蓋孝者萬行之原，而仁敬慈信之率由此以生也。觀其憂喜之形於色也，根心以發，初無所容心焉，盛德之至，生知而安行之，誠非可學焉而至者。然人能取法以自力於行，雖誠或未至，而敦行既久，不生厭倦，則仁孝之心將油然以生而漸幾於自然，所謂「文王我師」而「人皆可以爲堯舜」者，夫豈遠乎哉！（《禮記章句・卷八、文王世子》，頁 504）

船山原本孔、孟言必稱堯、舜之義，視人倫孝道爲道德實踐之基本言行。所謂仁、敬、慈、信之德目禮行皆由此以發。船山又藉〈中庸〉之言生知安行，學知利行，困知勉行之意予以合釋其義，因文王能生知安行，故船山盛讚此章爲全篇文字綱領，視道德教育爲良知自我呈現的歷程，從自身出發，上行下效，正己而後正人，而禮樂則是政治執行中最佳教化工具。此誠如程頤於〈明道先生行狀〉所說：「知盡性至命，必本乎孝弟，窮神知化，由通於禮樂。」

故船山總結〈文王世子〉第一章之意旨曰：

> 此章記世子之德以孝爲本，文王躬行以爲家法而武王承之，故周家
> 仁孝之教施及後世，率以是爲立教之本，而弟友之德、禮樂之實原
> 此而生，蓋一篇之綱宗也。（《禮記章句·文王世子》，頁505）

歸結出周代以孝道立國之意，可知道德良知與道德事業，此「德、禮」二端即以孝心爲根源，蓋亦孔子「人而不仁如禮何」之意旨，依此，孝弟實乃禮樂根源，世子之教育須從孝弟奠立道德根基，乃值得被後代所效倣。

二、教學須配合時地之宜，及養老典禮

〈文王世子〉第四章說明禮樂爲教化的內容方法，根據〈學記〉「當其可之謂時」之原則予以闡釋，前文已提及家天下之太子既無法預期其必爲賢人，爲免紛爭又須豫建太子，由是後天的教育相形之下更顯重要，其方法是平素即須教導以中和孝友之道，以培育其德性，且依四時所宜，令太子受教於國學，與眾士爲伍，並輔之以師保，藉由禮樂儀節的演習成就其德行，如此乃成爲封建專制時代統治階層思欲平治天下的根本大計，其事尤須鄭重。〈禮記·文王世子〉云：

> 凡學（此處爲『教』之義）世子及學士，必時。春夏學干戈，秋冬
> 學羽籥，皆於東序。……胥鼓南，春誦夏弦，大師詔之瞽宗。秋學
> 禮，執禮者詔之；冬讀書，典書者詔之。禮在瞽宗，書在上庠。（《禮
> 記章句·文王世子·第四章》，頁507～8）

文中說明四季各有不同教學內容，且各有專人職司，其中特色爲樂舞亦爲教學之重要內容，不僅限於經典之教育而已。文中首句「學」爲「教」之義，後文亦然。由於世子須與眾士共同受業於大學，因此教育世子即同樣是在說明教士之法，從中可看出貴族教育的特色。船山注曰：

> 學，教也。士，謂公、卿、大夫、元士之適子與鄉遂之俊選升於大
> 學者也。……干戚，武舞;羽籥，文舞。春夏陽而教武，秋冬陰而教
> 文，所以節宣之也。（《禮記章句·文王世子》，頁507）

說明教學內容中樂舞還要配合時節，因武舞發揚，須於春夏動作之時教之，文舞則於秋冬安靜之時教之。又依四季分別著重教以詩、樂、禮、書，且各有專職司之。船山又曰：

> 此節記教誦習之事，與教舞分四時互教之，蓋誦習日課而舞間舉，

不相妨也。(《禮記章句・文王世子》,頁 509)

交錯研習經典與技藝不僅不相妨,更且相輔相成。此猶〈學記〉所說「時教必有正業,退習必有居學」,著重道、藝相輔。至於教學處所,船山以「東序」爲夏后之學,「瞽宗」爲殷學,「上庠」爲有虞氏之學,蓋周代禮樂明備,並立四代之學,在一處並建四學,教育內容各有著重。〈文王世子〉又云:

> 凡祭與養老乞言、合語之禮,皆小樂正詔之於東序。大樂正學舞干戚。語、說命、乞言,皆大樂正授數。大司成論說在東序。(《禮記章句・文王世子》,頁 509)

內容在說明教者如何協同合作,並配合季節、地點予以實施。船山即綜合上述曰:

> 此上五節皆以記教者分教合教之序與其時地之宜,所謂「當其可之謂時」也。(《禮記章句・文王世子》,頁 510)

詳言之則其間須配合「養老」典禮,請受教言,並在旅酬時更相稱述古語作爲警戒。按「養老」之禮仍是大學教育過程中重要一環,以燕禮、享禮、食禮三種方式執行,養三老五更、致仕之老於國學(詳見〈王制〉及〈內則〉),船山認爲:「因立教之本從孝弟始」。不僅天子如此,諸侯以下乃至庶民全體皆然。船山論〈王制〉之「養老」曰:

> 諸侯養老之禮上均於天子,孝爲德本,無貴賤一也。
>
> 唯王者躬行於上而修明其禮以教國人,抑必家給人足,俾足以盡其仰事之實,孟子所謂「制其田里,教之樹畜,導其妻子,使養其老」,正此之謂,不然,徒修庠序養老之文,而凍餒積於下,亦何以爲王政哉!(《禮記章句・王制》,頁 355)

養老之禮乃是明德孝悌擴充於天下之至善保證。亦如孟子之敘論,是仁政王道的充盡實現,同時也因貴族階層憑等級地位之尊崇,其於孝弟之道、誠孝之心於現實生活中不盡能充分實現,而養老之禮正是一項很好的補救措施。故船山評〈內則〉第十一章所言養老之禮曰:

> 王者,繼先君而立,既無父之可事,而天子、諸侯、臣、諸父、昆弟、從兄之敬,又屈而不得伸,乃孝弟之德根於性者不可揜也,於是以敬老近父、敬長近兄之義,制爲養老之禮以達其誠焉。四代帝王,率行不易,斯后王躬行於上以道民於孝,所爲隆德之本也。(《禮記章句・內則》,頁 700)

天子及貴族既須躬行孝悌以啓導凡民，得上行下效之教育成果，而在現實生活中卻有天子無父可事，及貴族嫡長子繼位後悌道不彰的情形，藉由執行養老典禮之接近孝父敬兄之道，此義亦同〈大學〉所言「古之欲明明德於天下」，仍先須奉行修齊治平之道。船山又曰：

> 三王以道爲重，五帝以德爲重，自盡其孝養之德，而不期必之以聞
> 道，五帝至矣。（《禮記章句‧內則‧第三章》，頁 702）

三王（夏禹、商湯、周文武）是小康之治，其時大道既隱，必須制爲典禮，用禮義作爲紀綱，使人民釋邪增美而參與道之運行，故曰「三王以道爲重」至於五帝（黃帝、顓頊、帝嚳、唐堯、虞舜）爲大同之治，無爲而治，上下皆能以孝悌之德自行於生活之中，故孔、孟常稱道堯舜之無爲而治，故曰「五帝以德爲重」。

　　總之，上文中仍申言王者治天下須修身爲本，風行草偃，上行下效，故上下同於禮意，而大同之世乃有可期之日。

第三節　〈樂記〉論音樂的政教功能

一、論音樂的教育功能，及雅樂之淪亡

　　傳統文化視音樂爲教育之重要一環。從《禮記》書中，〈樂記〉緊接於〈學記〉之後，可思過半，但船山對此文評價不高，頗致譏評，值得注意。其意略謂〈樂記〉只能聊備一格，基本上是因其作者受荀子性惡說影響，而在人性觀的立場上失足之故。

　　《禮記章句》卷十九爲〈樂記〉篇，專探討音樂哲學。船山於篇首有一序文，先言樂在人文化成中之重要性，再綜括古樂的發展及其困阨作整體探討，從中指出其文價值所在及不足之處。茲據此序文分段加以探討：

　　質言之，音樂是培養未來政治人物的最佳教材，可使整個政治社會之內外上下和諧安定。船山曰：

> 樂之爲教，先王以爲教國子之本業，學者自十三以上莫不習焉。蓋以
> 移易性情而鼓舞以遷於善者，其效最捷，而馴至大成，亦不能舍是而
> 別有化成之妙也。推而用之，則燕饗、祭祀、飲射、軍旅、人神、文
> 武，咸受治焉，是其爲用亦大矣。（《禮記章句‧樂記》，頁 887）

音樂是教育過程中影響最大及最有效益的項目，因爲它直接感動一個人的內

在性情，鼓舞學習興趣，無形中累積其人文素養。其次音樂又配合所有種類的政治活動，推廣於一切禮儀場合，雖在禮治嚴格等級和繁瑣的儀節行動中，尤能和同彼此的身分差異，並融通彼此情意於一肅穆和諧的過程當中，作用廣大而深遠。總之，「樂」與「禮」相配合以運用於政治、社會、文化生活之各層面，禮樂合德，其效用廣大悉備。然而考察音樂在歷史文化的發展過程中，其命運卻是每況愈下，不斷地沈淪與喪失，令人慨歎！於此船山曰：

> 周之衰也。鄭、衛之音始作，以亂雅樂。沿及暴秦，焚棄先王之典章，樂文淪替，習傳浸失。漢興，雅、鄭互登，莫能飭定，而六代之遺傳，僅託於學士大夫之論說。故戴氏承其散缺，略存先儒所論樂理之言，輯爲此篇，而樂之器數節度，精微博大者，亦未從而考焉。以故授受無資而製作苟簡，教衰治圮，民亂神淫，胥此之由矣。學者覽此篇之旨，將以窺見制作之精意，而欲從末由，可勝悼哉！自漢以降，古樂愈失，唯是律呂之制，鐘鏞之器，猶有存者。沿及胡瑗范鎮之流，猶得琴筊而爲之說，而昊天不弔，女直蹢宋，僅存之器，熸焉無餘，雖有聖人，亦無所憑藉以修復，而胡部之姦聲，北里之淫曲，導人心以化禽狄者，充斥乎朝野。（《禮記章句·樂記》，頁887～8）

文中從歷史角度分周、秦、漢，及漢以降迄宋四個階段予以詳述，簡要言之：

1. 周代俗樂壞亂雅樂。

2. 秦代焚書，雅樂教學亦中斷。

3. 漢代略傳樂理，製作苟簡，精意已失。

4. 自漢以後徒存律呂之制及鐘鏞之器，北宋末女眞蹢宋，胡樂又斲喪人性。

船山言語頗憤激，其中女眞即隱指大清之滅明，但吾人若能設身處地，從作者的時代及遭遇，感受其人家國淪亡之苦痛，與其人所親身經歷之南明小朝廷中士習的卑劣、朝綱的紊亂，就能了解作者爲何堅持文化中國的立場，特重義利之辨，與良知之揭舉，以建立人性的價值尊嚴。故從上文中可以看出船山所再三致意者是「立人極」，嘗試從中華文明孕育之「雅樂」的仁善內涵，藉以區別華夷、文野、人禽之辨，而從歷史發展上分析，船山認爲樂教已迭經數厄。分述如下：

1. 春秋之世禮壞樂崩，鄭、衛之淫聲，擾亂雅樂，此由《論語》中記載可知。雖然經過孔子的努力之後「樂正、雅頌各得其所」，還不遺餘力地抨擊鄭衛之音。不過就客觀情勢上看，物質發舒之後，亂世人心終

必習於淫靡之音，此現實中人性下墮之頹勢終究無可挽回。在孔子唯能賦予禮樂以內在仁心自覺之內涵，以俟後世之知音。

2. 秦始皇焚書坑儒，要人民以吏為師，使樂教的典籍淪亡，並中斷了樂器操練修習的傳統。例如〈學記〉曾說：「不學操縵，不能安弦。」對於音樂教學著重長時間操作樂器及涵泳情境的特點尤其不利，延及漢初，即或有少許樂師仍在，想必早已心餘力絀，難以傳授其經驗及樂理了。

3. 漢代承前代之弊，已不能飭定雅樂、俗樂之分際，雜以楚地風格的音樂混入雅樂，故六代雅樂（黃帝雲門、堯的咸池、舜的簫韶、禹的大夏、湯的大濩、周的大武），僅能以文字見諸學士大夫的論說，至如樂教的全體大用，終究缺乏客觀的儀節內容可供徵驗。這種困境猶如孔子概歎夏、殷之禮淪亡，於杞宋已不足徵考之意，後人德慧才智不及孔子，又何足以言樂教之精意。漢代已是俗樂、民樂發展流行的時代，足以取資，乃導教雅樂「授受無資，製作苟簡」。加上佛教傳入及道教的孕育，使船山有「教衰治圮，民亂神淫。」的評論，畢竟代表一個時代精神及文化特色的雅樂是有必要用心去製作的。

4. 漢代之後，古樂缺失愈甚，幸猶存有律呂之制（樂律）、鐘鏞之器（樂器）聊寄思古幽情，借資存想泱泱大國的氣度，但因女真劫掠大宋，古樂器連帶散失，〔註27〕更令船山浩歎，其實，雅樂被劫後並未喪失，據史載，金在劫掠北歸之後，也建立雅樂制度，宋代時，雅樂也曾傳到韓國，〔註28〕中外音樂交流頗為頻仍，以船山之博學及對歷史典籍之理解，也應知此事實，但何以仍概乎言之，理由之一是因作者站在民族文化本位的立場論說。其二，是因船山學術重視由本貫末使然，「苟無其人，其道不舉」，雅樂的最高意境在於善美合一、仁樂合一，必須肯定人性之善，作為文化基底，雅樂才有可能真實存在。故即使古樂器尚存，以夷狄質而無文及動輒武力侵犯中原的習性，雅樂雖有而似無。

二、〈樂記〉內容駁雜，係受荀子性惡論影響

　　船山立足於內聖心性學來衡定〈樂記〉之內涵，因此是用批判、反省的

〔註27〕參見楊蔭瀏著，《中國古代音樂史稿》，臺北，丹青出版社，上冊，頁 2 之 29。
〔註28〕金、高麗雅樂均見於金文達著，《中國古代音樂史》，北京，人民音樂出版社，1994 年，頁 324。

眼光來評論〈樂記〉之價值,視其內容爲純駁夾雜。此不同於現代學者極端推重〈樂記〉之價值,其弊端如同傳統學者執守「疏不破注」的立場,不敢質疑〈樂記〉內容有不妥之處,甚至部分學者又從唯物主義的角度,曲予比附〈樂記〉中的文句及涵義,凡此皆不如船山能自儒家內聖學之本源入手,從論、孟、易、庸的心性學爲核心,並以「本必貫末」爲原則,故可避免蹈空虛談之弊,這是由於船山視〈大學〉、〈中庸〉二文爲《禮記》全書之體,而四十九篇爲二文之用。

故若以此判準來談〈樂記〉,就必須從道德本源的心性予以衡量,其結果是船山對〈樂記〉的內容頗爲失望,並時致不滿之意。因此,一方面船山雖特別重視「樂」的地位及其政治教化價值,但對〈樂記〉一文的評價並不高。他認爲樂經敝缺已久,戴聖所輯的〈樂記〉只是概略保存先秦儒者論說樂理的文字,來源雖多,而最大缺陷也正是內容的傳說雜駁,尤其是談及性情文質的分際之處,頗多文字內容受到荀子性惡說影響,違背聖人旨意,尤須審愼加以檢別。船山曰:

> 有志之士,三復此篇之義,粗得其大意而無以徵之,抑徒守舊聞,
> 以存什一於千百而已。乃此篇之說,傳說雜駁,其論性情文質之際,
> 多淫於荀卿氏之說而背於聖人之旨,讀者不察,用以語性道之趣,
> 則適以長疵而趨妄。故爲疏其可通者,而辨正其駁異者,以俟後之
> 君子。(《禮記章句·樂記》,頁 888)

在研究態度上船山不同意歷來學者之特別重視〈樂記〉的價值,在《樂經》散佚之後,儒門音樂思想多以〈樂記〉作爲取代,而船山獨不以爲然,認爲〈樂記〉不足「用以語性道之趣」,只有文獻的表面價值,可作負面教材之用。故曰「疏其可通,辨正其駁異者」。否則,若過度重視〈樂記〉的地位,反將「長疵而趨妄」,其弊害尤深。歸結前文,可看出船山所以會對〈樂記〉深致不滿,當係因爲船山本必貫末的思想特質使然。當然,〈樂記〉並非因人性論之失足就全無可取之處,吾人應從〈樂記〉文中盡量考察古來樂教的名物度數及微言大義,即使仍因缺乏其中詳細節目之教育內容可供徵考亦無妨。因爲理想的音樂是善美一致、仁樂合一,〔註 29〕且仁心與樂互爲作用,若能善體船山之意,〈樂記〉仍能呈現其教育價值,並提供後人許多寶貴資產。

〔註29〕徐復觀,《中國藝術精神》,臺北,學生書局,1976,頁 3～19。

三、音樂本於人心之正，反對物感之說

　　船山主張性情通貫，及道心人心的互藏交發，〔註30〕因此對於〈樂記〉
的不滿在其無本以立之，未能本末通貫，流於荀子的徒取心知之虛靜義，或
者告子義外的觀點。因此船山雖贊同〈樂記〉所說，認為音樂起源於人心的
動機（喜、怒、哀、樂），但卻反對人心之動乃物使之然（物感說）的觀點，
例如〈樂記〉區分聲、音、樂三者之層次云：

> 凡音之起，由人心生也。人心之動，物使之然也。感於物而動，故
> 形於聲。聲相應，故生變。變成方，謂之音。比音而樂之，及干戚、
> 羽、旄，謂之樂。

船山評曰：

> 此章推樂之所自生因於人心之動幾，固樂理之自然，顧其曰「人心
> 之動，物使之然」，則不知靜含動理，情為性緒，喜怒哀樂之正者，
> 皆因天機之固有而時出以與物相應，乃一以寂然不動者為心之本
> 體，而不識感而遂通之實，舉其動者悉歸外物之引觸，則與聖人之
> 言不合，而流為佛、老之濫觴，學者不可不辨也。（《禮記章句・樂
> 記》，頁 889）

良知係依道德格準以行，自由無限心內在於人，兼有動靜寂感之不同樣貌，
故船山以《易傳》「寂然不動，感而遂通」之義合釋此文。前節已知船山以〈學〉、
〈庸〉二文為《禮記》全書之體，故〈中庸〉之中體即良知，亦如陽明所言
「無聲無臭獨知時，此是乾坤萬有基」，此喜怒哀樂之情，乃據理性權衡之仁
義禮智而有之喜怒哀樂之情，非只是人心無本時之妄動，此四情是形上之性
在存在面之當幾發端呈露，有其道德本源。〈樂記〉又曰：

> 樂者，音之所由生也，其本在人心之感於物也。是故其哀心感者，
> 其聲噍以殺；其樂心感者，其聲嘽以緩；其喜心感者，其聲發以散；
> 其怒心感者，其聲粗以厲；其敬心感者，其聲直以廉；其愛心感者，
> 其聲和以柔。六者非性也，感於物而后動。

船山釋曰：

> 感於物，謂喜怒哀樂愛敬之心皆因物而起。其說與告子『彼長而我
> 長之』之意略同。……六者皆以人聲而言，推之八音，其理一也。

〔註30〕曾昭旭，《王船山哲學》，臺北，遠景，1983 年，頁 429～433。

記者之意，以寂然不動者爲性。六者，情也，則直斥爲「非性」矣。（《禮記章句・樂記》，頁890）

如前文所述船山主張性情通貫、心兼動靜而言，〈樂記〉作者卻執著喜怒哀樂愛敬等六情非性，因此船山點出其理論偏失的關鍵在於：若性必須是寂然不動，則性只能解釋爲「理」之客觀規範義，存在於絜靜精一的形上界。此即不合孔、孟、易、庸所主張的性善之意。船山乃總結此章曰：

喜怒哀樂之發，情也。情者，性之緒也。以喜怒哀樂爲性，固不可矣，而直斥之爲非性，則情與性判然爲二，將必矯情而後能復性，而道爲逆情之物以強天下，而非其固欲者矣。若夫愛敬之感發，則仁義之實顯諸情而不昧者，乃亦以爲非性，是與告子「杞柳桮棬」之義同，而釋氏所謂「本來無一物」，「緣起無生者」，正此謂矣。至云「先王愼所以感之者」，而禮樂刑政以起，則又與荀子之言相似。蓋作此記者，徒知樂之爲用，以正人心於已邪，而不知樂之爲體，本人心之正而無邪者利導而節宣之，則亦循末而昧其本矣。（《禮記章句・樂記》，頁891）

文中辨正詳明，〈樂記〉作者觀點之偏差處乃昭然若揭。文意約分三段，首先是性情通貫之義，性以正情則情通於性，不可判分爲二，此猶〈中庸〉所言天命之性，經由愼獨工夫之護持，則有喜怒哀樂未發時之「中體」大本與發而中節之達道「和」。孟子亦從四端之心的發露，規定性善之內容爲仁義禮智，性、情實不可判分爲二。故孟子批判告子之說有矯情、違情之弊。其次，船山乃據此以說明告子、釋氏及荀子的偏差即在於不能肯定良知性善。其三，船山強調樂亦兼有作用之義。因言樂必含言仁，如孔子說「人而不仁，如樂何？」樂經以道德心靈爲基礎，樂之「美」與仁之「善」相合才有「盡善盡美」的最高意境，此即孔子所以稱述舜之韶樂，仁與樂互爲體用，兩端相涵，以是樂乃有其利導人情，節宣善行的功效。

第七章　結　論

壹、《禮記章句》之思想價值

　　研究王船山禮學的基本立場和目的，是希望透過船山深刻的哲學思理，抉發古禮的精髓，俾能古為今用，鑑往知來，呈顯其現代意義。一方面藉由禮學了解中華歷史文化的內涵，建立優雅文明的生活教養，同時也在中西文化相互衝擊激盪，人類命運憂疑危懼的當前世界中，還能確立自己文化的主體性，深入探索其意義價值，並對照西方文化，來正視自身文化缺陷不足之處，適切而積極自信地融通西方文化，以參贊於歷史文化的創造，使其日新富有。而其中能夠成功的關鍵，則應是在於教育文化工作是否落實紮根，以豁醒人人良知自覺，指點出人性尊嚴及價值所在，如此，理想世界才有可能實現。

　　其次，禮是歷史文化的總體表現，禮的背後須以仁心自覺作為其內在根源及實踐的動力。反過來，仁心良知亦得憑藉外在禮儀文制作為把柄依據，才得以落實呈現。因此仁、禮二端乃迴環互動，相養共進，在縱向的時間表現為歷史哲學，在橫向的空間表現為文化哲學。

　　復次，《三禮》是傳統禮學文獻的代表性典籍，其中《周禮》、《儀禮》二書代表「周公傳統」，係周公制禮作樂以來所形成的理想制度儀節。至於《禮記》則是代表「孔子傳統」，其中寄寓著於孔子的微言大義，及七十二弟子，乃至戰國迄於漢初之儒門子弟，抱持守先待後的責任感，所創建的文化理想與道德關懷，故在研究程序上，宜先掌握孔門心傳所在的《禮記》，然後再研讀禮儀文制，這樣才是由體達用，立本以貫末的順當程序。

歷來在研究禮學的方法上，漢學、宋學分別重視考據、義理，是傳統中兩項最具代表性之文獻研究方式，二者宜互相倚重，皆不可輕忽。而船山注禮實即兼采此二種方法，而有相當優異的研究成績。

從知人論世的角度，了解作者所處時代、政經環境、家庭陶養、成學歷程、與現實遭遇，都是掌握作者思想特色與存在關懷的重要資藉：船山於明末經世致用學風影響下，受春秋家學與湖湘官學洗禮，奠定學術基礎，後爲抗清國事奔走，頗歷險難，晚年沈潛理性，專志著述，終能以剛毅柔韌之人格，成就富厚篤實之學術成績。

船山學術遠宗孔、孟儒學及六經文化傳統，近承朱子格物、張載正學及湖湘學風，對於陸、王，雖有批判，實則繼承其內聖之學，終能自鑄體系，別開六經生面，重振中華學脈。此皆端在其思想特色爲即氣言體，並堅持由本貫末的學術方向，乾坤並建，本體定體二端互爲體用。由是瞭解船山詮釋經典採取一種對比辯證的思維模式，名之曰兩端一致論，並由此以建立其道器合一的現象觀、理氣一元的宇宙論、理欲合一的人性論，及理勢相成的歷史觀。尤其在禮學方面，特依易經「顯諸仁、藏諸用」之義，揭出仁、禮互涵的文化觀，值得重視。從中可爲《禮記》一書所傳承的中華文化建構歷史哲學與文化哲學。其中〈禮運〉、〈禮器〉二篇所顯示的道器合一論，可謂精義紛呈。

一、船山點出《小戴禮記》之價值地位

船山禮學專著《禮記章句》的內容旨趣，因所根據的《小戴禮記》承接三代以來周公制禮作樂的文化傳統，以及孔子以迄西漢初年的仁教心傳、微言大義，是儒家學派承先啓後，敬謹護持的總體學術研究成果。要言之，可分爲禮樂制度（宗法制度）及思想通論兩大部分，其中以思想通論較爲重要。故船山之意認爲其內容一方面是儒學根本義理的奠基，如〈大學〉、〈中庸〉二篇是《禮記》全編之思想本體，作爲執行運用時之理論依據。另一方面，該書內容應是儒家後學面對諸子思想挑戰所作之回應，例如〈禮運〉、〈王制〉、〈樂記〉、〈孔子閒居〉。即是扣緊時代脈動、政權更迭、政體轉變，在學理上及制度面所作出的恰當回應及解答。

二、《禮記》承傳孔子微言大義

《禮記》作者群涵蓋不同世代，憑藉強大的使命感上承周公、孔子傳統，

對歷史文化加以反省照察，而有此推陳出新、集大成之作。故船山認為戴聖身為此禮學匯編承傳者之一，亦頗具獨特眼光及慧解。考察全書作者包括孔子、七十二弟子及戰國至漢初儒者共三個階段，傳承「微言大義」之義旨，不斷地作著創造性詮釋的增補、修飾、衍義的工作，從中可看到一股道德的精神生命流衍於此歷史的運會中，代表人類的光明。關於「微言」與「大義」，徐復觀先生也持同樣的見解，認為二者分別是前者恪就理想層面立說，而後者是針對現實提出改良性主張，總持二者合而見之，正可顯示儒家學說特點，因先秦之其他學派思想多只就前者或後者立言，不是過度理想化，就是太遷就現實面。由是吾人亦可判定〈禮運〉篇所言大同的理想政治境界，及小康的現實禮義之治理，相當於微言與大義，二者互有高下，應該相輔相成，通觀二者，才是孔子儒學的宗旨所在。綜括言之，即是「復性立人極」，確立道德主體，表現人性價值尊嚴。落實在家國天下、日用生活的道德踐履，亦可稱之為窮理盡性、修己治人之道。而此亦是〈大學〉一文的宗旨。

三、《禮記章句・序》呈顯船山禮學精神

　　從對《禮記章句》的深入研究，吾人終可了解船山研究禮學的大體規模、創作動機、基本見解、態度和方法，乃至苦心孤詣，以及對民族生命文化的終極關懷，《禮記章句・序》正是船山何以創作本書之總體說明，可以提供吾人切當的研究視野：

　　船山係以《易》與《春秋》為標準，展開對人文制作的後設反省與批評。前者以「顯諸仁，藏諸用」指點仁、禮二端的互動，緣仁制禮、仁以行禮，互有體用關係。後者貞定名分與倫常，也是華夷文野之辨別所在。實踐過程中須以義道在內外之際、心物之交，作出適切合宜的判斷、權衡。

　　禮為天道之所藏，而人道之所顯，天道實即仁心，透顯而為人道，則是禮樂文制的周備安排萬事萬物。而人道之可貴即在於「禮」唯人所獨有，得以主動持權，作為參贊天道之依據。

　　落在文獻上言，《三禮》又互為體用，體有本體、定體二義，《周禮》、《儀禮》為「定體」之體，作為仁心發用的依據，《禮記》為「本體」之體，是禮文背後的仁心根據，是禮之精意所在。

　　若再從「始制」與「修行」來區分：始制是指聖王緣仁以制禮，修行是指凡民行禮以顯仁。前者肯定人性本善，後者著重政治教化。

另外，若就《六經》而言，《三禮》與其他《五經》分別偏重事與理二端，故也有本末體用的關係，《五經》之理即禮所蘊藏之精意，是孔子之微言所在，而禮是具體儀節制度及裁制運用的方法，作爲《五經》之法象，也是孔子之大義所在。是以禮學與其它五經比較，特別具有化民成俗、安上治民的功效，聖人君子也因此得到堅實保障，謂之「藏身之固」。

反省歷史上各時代禮學研究的方法態度，可知受到科舉制度影響，昔儒注解《禮記》流於支離破碎，未能全盤掌握禮學精神與思想精蘊，因應時代變革以推陳出新，然而船山研治禮學的用意，則是在天地變革、道統學統亂亡之際，仍能確立人道尊嚴、人格價值。方法則在於折衷歷代禮學得失，抉發優良傳統，以明體致用、啓發後賢。

四、船山採用「章句」體裁之意義

船山採用「章句」作爲著述體裁的原因有二：

其一，效法朱子編訂《四書章句集註》爲〈大學〉、〈中庸〉二文作「章句」，船山認爲二文是《禮記》之體，而全書爲二文之用，故將此「章句」之體裁推廣於其他四十七篇。

其二，遠承漢儒於秦火之後、典籍焚棄之餘，只能藉由字句訓詁的考據方法奠定理解的基礎。吾人可藉由徐復觀先生的評析，了解「章句」的注疏體裁在訓詁、章句、義理三階段中，能將字面訓詁加以連貫演繹，進一步即有探索文字背後意義的可能。而船山《禮記章句》能即事見理，兼融考據、義理於一爐，其實質成就早已跨越訓詁、章句的藩籬，通向義理思想的發揮，蘊含禮學思想體系的建構。

五、〈禮運〉篇注重歷史文化的精神動力

〈禮運〉在《禮記》中是除〈大學〉、〈中庸〉之外，最值得重視的一篇。尤其在政治史上具有重大影響，對於禮的安邦治民功能，以及禮在歷史上的起源、演變及實質效用，乃至僭禮失禮之弊端，皆有詳盡剖析，使得歷代之爲政者不敢輕言廢棄禮樂。船山評述此篇的重要觀點包括：

其一，是將二帝大同及三王小康視爲一總體，代表儒家兼顧理想、現實二方面，相當於孔子所闡發的微言與大義二者之意，既有理想目標，又有實現之途徑，能兼顧本末體用、內聖外王及踐仁知天之意。因此〈禮運〉之價

值其實不下於〈大學〉、〈中庸〉，又較具體詳實地貼切現實政治與人性立言，故適合作爲研究《禮記》之一恰當起點。

其二，〈禮運〉之篇名意義，在於禮能持載人性之德養，運用於歷史文化的事業之中，以是之故，「禮」乃具有道德動力，並能成就道德事業，易言之，仁心與禮文二者相涵互動，日新富有，故可謂本大用廣，理事合一，道器相須，性習相成。

其三，〈禮運〉全文結構嚴整，思理井然，共分四大段，分就歷史、政治、人性、文化宗教四方面析論天道人情之相互融通，以達致大同、大順之境界。立論嚴密，且又具體可行，其間蘊含許多獨特觀念，如將喪葬典禮起源，溯源於文明初始，人性開化之最早階段，將性善論落實於歷史文化上立言，爲昔儒所未道。又將政治哲學奠定禮爲體，政爲用的綱維，以本天效地、旁通鬼神之情爲形上依據，正己而後正人的自省修德爲施政前提，誠能直探政治哲學的根本。

其四，〈禮運〉的政治哲學，以孔子「正名」思想爲首要原則，發揚《春秋》寓褒貶別善惡的精神，直言政治之所以衰微，其原皆生於「僭禮」，故必須以禮爲體，以政爲用。禮與政二者本應是一體兩面，完善的政治即與《周禮》無別，即因二者同原於天地，與鬼神感通，有其形上根據，故能由本貫末，禮即運用於政治之中而無不宜。

六、「毋不敬」爲下學上達的基點

船山善於即事窮理，看出〈曲禮〉內容雖似瑣碎，其實篇章結構中有其內在思想脈絡，其內容是內聖之學道德修養的起點，指點出篇首「毋不敬」一語爲禮學基本精神，此猶如「思無邪」一語之於《詩經》學上之地位。首章之四句爲存理之學，「毋不敬，儼若思」分指動而愼、靜而存的修養，是仁者立中以爲大本；第三句「安定辭」則是指修辭立誠，內外交接之宜。前三句合言之則是正心誠意以自治臨人，反躬自盡。因此，成爲第四句「安民哉」的關鍵所在。其次，船山判定第二章具體說明去私循禮等遏欲之事，與第一章合看則是先言存理之學，次論遏欲之事，本先立而後末乃不偏，下學上達，克己復禮，使得內聖之學藉此有其具體進路。如此即可言〈表記〉、〈坊記〉二文可作爲修己治人之學的代表性篇章。

七、從存理遏欲到修己治人

船山認爲〈表記〉、〈坊記〉二文分論修己、治人之道，其中〈表記〉地位優先於〈坊記〉，〈表記〉有標準、節度之意，先在理想層次上立言，作良知大本的肯定，重在立本；〈坊記〉則在現實上有預防警示之用，因實際生活中，須防止情欲氾濫，抱持嚴正態度出之以危激之詞，才能克己復禮，以達致天下歸仁，但其中理論根源必須落實在先天本具道德心性之肯定。

正面而言，〈表記〉一文先言君德，屬正己之道，以個人修身存誠作爲表正萬物之本；其次論君道，爲正人之法。且廣義之仁，必兼仁義而合言，以及物潤物爲標的。臣道亦兼括於君道之中，而以忠信爲原則，忠以事君，信以接眾，並且結合神道設教之義，敬鬼事神，本天治人，安頓凡民盡性至命。另外〈緇衣〉爲〈表記〉下篇，不同於〈表記〉之側重由仁義建立道德原則，〈緇衣〉則側重從具體的好惡言行來立論，其中好善惡惡爲仁心之發端，而現實生活中言行的恰當合理，則正是義在心物內外之交的具體落實。

八、政治原理及其運用

政治哲學中，船山認爲〈哀公問〉從孔子藉由魯哀公問禮的言談歷程中，表達一套完整的政治意義與功能，其中要義爲：禮具有宗教、政治、倫理三方面穩定社會秩序的功能，表顯爲親親尊尊的仁義原則，其一、在政治層面上，一方面肯定人人皆可爲堯舜之性善義，另一方面亦肯定儀式動作及衣服器物均蘊含正名思想，及客觀道德價值意義。仁心與禮器分居主客觀二者，能使百姓之心性，藉由禮文之安頓而成其寬裕清暢，並助成歷史人文的豐美富厚。其次，在倫理宗教層面，借由喪服五等安排親疏遠近倫理親情等人際關係之融合，也借由喪祭典禮延伸孝道精神於無限，藉以提升心靈境界，安排精神生活，將倫理、政治、宗教三種功能融鑄在一起。尤有進者，還強調要在禮文無缺之後，體恤民力，崇尚節儉，以淡泊自處，才能發揚禮文的深刻意義，令其可長可久。

船山又謂在政治建構及社會生活中，設立教令，即能兼具教育功能，昇華人性，啓迪良知。並爲政以正，達致夫婦別、父子親、君臣嚴之成效。掌握三綱之道德規範作爲起點，以推廣政令。《禮記》以愛敬作爲施政之根本的道德原則，而其中〈昏禮〉爲諸禮之中效用最大者，可連合宗族內外、天人上下，培養繼往開來的歷史文化意識，延續生命意義於無窮。

九、「五至」「三無」可印證孟子性善及〈中庸〉中和之義

　　船山對「五至」「三無」剖析精詳，義理深入，最值得重視，見於〈孔子閒居〉申論「民之父母」必達於禮樂之原，意即理想之執政者必能經由禮樂化成天下，興利除害，四海升平，還須察識四方人情之缺陷，用心加以警戒，才有資格成為民之父母。而其中成功之關鍵在於達致「五至」、實行「三無」，推擴於天下。此中已蘊含一套道德形上學，析言之，船山係以中庸中和之義合釋之，「五至」指涉未發之中，為志詩禮樂哀五者，其中志是指天賦良知善性，而詩禮樂哀四者順序反過來，則相當於孟子四端之心的表現。「三無」是發而中節之和，表現於無聲之樂、無體之禮、無服之喪，意即能掌握禮樂之實質，卻又無禮樂之表相，而其中無非只是中和惻怛之情的發用流行。至於實踐過程又有「五至」之義，由近及遠的五個次第，逐步達成止於至善的最高目標。

十、禮須斟酌眾情，即事顯理

　　船山主張〈仲尼燕居〉與前節〈孔子閒居〉二文相為表裏，側重在談用之大，原則有二，其一曰：「禮所以制，中也。」注重禮是照應生活中實事以即事顯理，周詳該遍地一一予以安頓，又因道德主體秉其道義真誠，情志居中，持以對應存在諸事，故能優游自得，從容合度。船山於「制」字斷句，未連到中字，不同於其他注家，應有其以仁為本之深意在焉。其二曰：「禮也者，領惡而全好。」認為禮可以通達眾人情意，不但有權衡是非善惡的判斷能力，同時也能趨善避惡，不被物欲權位所蒙蔽；若是應用於各種禮儀之中，無論天神、人鬼、賓客之間，皆待其人以仁心主動應幾，作存在上的呼應，情達理得，自可各安其職分，人際和諧，事敘功成。

十一、教育原理及其意義

　　王者治天下不外政、教二端，是以教育哲學頗為重要，《禮記》書中隨處可見教育之制度及思想，一般學者多注意〈學記〉、〈大學〉、〈樂記〉諸篇，其實教育不能離開政治社會的背景，是以〈王制〉、〈文王世子〉之文也蘊藏豐富的教育原理。如〈王制〉雖作於漢初，由漢文帝號召博士諸生憑所憶習匯集成篇，但其中持載先秦許多政教思想，值得探究。尤其〈王制〉後半篇皆在論教育，船山揭其要義，一是性習相成，天賦良知乃形上之性，配合情

才及環境，乃有後天之性習，先天善性與後天習欲二者凝合表現，乃能成就人性之長養，日新篤厚，參與人文化成而有深刻意義。故王者須安土置民，作爲興學的先期準備，才能富而後教。至於執行中要讓土地、城邑、人民三者互相配合切當，以助益良風美俗的形成，如此興學造士自可水到渠成。

船山認爲三代家天下之取代二帝公天下乃理勢所趨，故特須重視太子教育，平素教以中和孝友之道，藉由孝弟之禮行生發道德良知，配合禮樂教育成就其德行。具體作爲前者在視膳之禮中表現孝行，後者是在國學中與眾士爲伍，共同受教，演習禮樂，並輔以師保。配合時令，四季分別著重教以詩樂禮書。樂舞，則春夏教武舞，秋冬文舞，整體而言，重視道藝相輔，誦習日課與樂舞教學交錯舉行。另外，教學過程中又須配合「養老」典禮，養國老於國學，向其請受教言，稱述古語作爲警戒。養老之禮是建立孝弟之道的補救作法。因爲現實中仍有天子無父可事，及貴族家中悌道不彰的情形，執行養老之禮的過程，可以接近孝父敬兄之道，藉以明明德於天下。

船山重視音樂的政教功能，可以移易人之性情，鼓舞遷善。是以禮樂合德，運用於一切政治活動場合儀式之中，發揮移風易俗的莫大效用。船山考察在歷史發展中，雅樂淪亡，頗致慨嘆，因爲雅樂的仁善內涵才是雅樂能否眞實存在的依據。「仁樂合一」、「善美一致」必先肯定人性之善，因此船山以此判準，衡定〈樂記〉內容已有駁雜，受到荀子性惡說影響。

貳、船山禮學的內涵特色

一、船山禮學揭示「仁禮互涵」的歷史文化觀

本論文的研究成果，在於以兩端而一致之提綱挈領式之架構，撐開船山的禮學思維；呈現出船山禮學的歷史文化觀是立基於仁心善性的源頭活水，並落實於日用生活中的禮文禮制，亦即揭發了儒家禮學傳統——「仁、禮合一」——的深刻內涵及其無限價值。

本論文採用兩端一致論的方法進路，在形上與形下二者之間彌綸融合，無論是精神意義與制度器物之間，抑或內聖明德與外王新民之際，乃至下學人事與上達天命之實踐歷程，都能看出船山所要呈現之思想內涵其中互爲體用、動靜相涵之特點。

由於禮學文獻的龐雜煩瑣，一向令人望而生畏，加以近代國勢凌夷，禮

教被誤會成迫害人的沈重枷鎖，致傳統禮文成為人心痛處，甚至成為中華子民意識深處的潛在夢魘，由是導致禮學之沈晦不明。鑒於國內學界長久以來對於禮學之研究，仍偏向制度儀節之考證、及文字訓詁，因此如何突破文獻迷津，深掘禮學的內涵意義及精神價值，誠屬一重大課題，而船山禮學採用「仁、禮」二端互動相融的詮釋原則，確使禮學得到深度挖掘，鑑往知來，古為今用，正好提供一良好借鏡。

船山禮學專著《禮記章句》的特色，在思想層次上，有其體大思精的哲學系統及新儒學內聖外王整體關懷的承傳作為背景，另一方面在著述方式上，又參酌漢儒及朱子作「章句」的方式，以訓詁考據為基礎，通向思想理解及義理詮釋。因能兼顧哲學、禮學兩種研究面向，故其研究價值已不辯自明。

又船山身處明末清初經世致用的時代學風、及民族文化遭逢大難下的身世悲感、孤苦性格等因素，導致船山抱持強大使命感，對經學傳統作「別開生面」之創造性詮釋，並彌綸全書，作通貫首尾、本末體用迴環之互證理解。

本論文的研究方式，先揭出「兩端一致論」的研究進路，疏理禮學「即事顯理」、「即器見道」的特質，又參酌《禮記章句》一書序文之意，先從〈禮運〉篇內容奠定歷史文化之體，再上探其他篇章，如〈大學〉、〈中庸〉、〈表記〉、〈哀公問〉、〈孔子閒居〉諸文形上原理之內蘊，俾吾人理解歷史文化不是僵滯老舊的陳蹟，而是一富有生動發展日新之禮體。以其內蘊良知精神，故有源泉滾滾不舍晝夜之生機活力，可長可久。如此，可以肯定船山禮學的現代意義及價值已朗然呈現。

二、在所有船山著作中，《禮記章句》特見「即事顯理」的精神

將船山其他著作與《禮記章句》作一比較，可知經典各別皆有鮮明個性及學術特色，但若異中求同，船山所關心的基本問題及理論系統是通統為一的。以下即援引數例作比較說明：

1. 《周易外傳》為船山三十七歲時作品，乃船山哲學體系奠基之作，於道器、易相、體用、動靜、一兩、陰陽、天人、常變等一系列重要課題，表述其卓越見解。最關鍵的是提出「天下唯器」、「道在器中」的命題，以及「君子之道，盡乎器而已矣。」的實踐觀點。這與《禮記章句》重視禮之實行，是五經的法象，及《三禮》之中本體、定體互

爲體用之關係相較，意旨皆同樣是「兩端一致論」之運用。

2. 《老子衍》作於三十七歲，在船山諸作中最早提出「兩端一致」之名稱：「天下之變萬，而要歸於兩端，兩端生於一致。」船山於此書藉批判《老子》「道生一，一生二」，實際上駁斥周敦頤、程、朱「太極生陰陽」之外因論觀點；另外船山視動靜爲相互包含，而非彼此割裂。此二項在《禮記章句》中仍時有所涉，二書亦皆同樣批判佛、老之不足。

3. 《尚書引義》作於四十五歲，於能所關係中，認定客觀是第一性，改造佛教的能所範疇，又根據《尚書‧說命》「知之非艱，行之唯艱」的說法，視知易行難爲千聖之起，不易之言。又批判知行合一論，主張「行可兼知，而知不可兼行。」這與《禮記章句》重視躬行實踐禮文、禮儀的特性是相同的。

4. 《詩廣傳》作於五十三歲，書中船山借《詩經》某些詩句，闡述自己理欲統一的觀點，「飲食男女之欲，人之大共也，貨色之好，人之情也。」重視人欲在社會生活中的積極作用。其次，提出「均天下」的政治立論，反對土地兼併，造成貧富不均，指出「草食露處，質子鬻妻」，「上狠下怨，成乎交逆。」是國家敗亡的根源。上述所載與《禮記章句‧禮運》所論「禮爲體，政爲用」、「飲食男女人之大欲」等論述足以互相發明。

綜上四例，分就道器、常變、能所、理欲等範疇，作兩端而一致的詮釋，而《禮記章句》著重即事見理的特色，對相關課題，皆有所探究。因此若能專研一書，再與其他船山專著做對比研究，應也是一值得發展的學術方向。

船山觀照下之《禮》，其與五經不同之處，是特重「即事顯理」，並從中抉發禮文之獨特價值。故船山對於《六經》的詮釋，是將《禮》與其它五經分開的。於其它五經「著其理」，而於《禮》須「實見於事」。《五經》蘊含禮之精意，《禮》則作爲《五經》之法象。而禮包括《三禮》，其中《禮記》尤能揭發禮意，作爲研究《周禮》、《儀禮》之間的橋樑。

考察船山著作係遍注群經，隨文引義，以表顯自家哲學特色及體系，蓋「六經皆我注腳」之義。不過船山對於《禮》之研究態度與方法，其實大不同於其他《五經》。《禮記章句》乃詳盡地依經立注，即事顯理，作本末內外終始上下地全盤闡釋，從船山全部著作唯此書與《楚辭》依經立注，可以得知對此書之重視。

　　因此研讀船山著作之任何一部，雖然均可具體而微了解其思想整體之大較，唯因依據之經典內容、體裁、性質各異，詳略輕重互見，選擇具有代表性的著作，專心一意加以探討也屬重要課題，《禮記章句》無疑可以作為代表作之一。

　　本論文乃專就《禮記章句》一書作為研探對象：一者由於「禮」在華族集團生命實踐中代表整體歷史文化的總體業績，禮學本身就是一個重要而且龐大的研究範疇，而且此部經典於船山諸作中卷帙最為繁多，問題面相廣闊，已足以孜矻窮年皓首鑽探；二者由於客觀條件限制，目前對於船山禮學專力研究者，仍屬有限，因此，《禮記章句》在船山全部著作中，是值得獨立優先研究的項目。在現有學者對此書之研究仍屬有限的情況下，筆者所作蓽路藍縷的開拓工作，期盼有心人士繼起發揚。

三、本論文運用「兩端而一致」之架構，彰顯船山禮學之獨特思維

　　本論文寫作方法之考量，乃是盡量讓《禮記章句》本身文字自己說話，以經證經，使船山禮學能表現其自我特色。筆者批判地採納船山學研究之已有之成果作為研究《禮記章句》之先前理解；尤其關鍵的是，採取船山本身「兩端一致論」之思考，作為研究進路和論文架構。特別是首先從〈禮器篇〉內容中驗證「道器合一論」，則尤可呈顯船山思理之精采。

　　在論文實際寫作過程上，則以「仁禮互涵」為綱，以〈禮運〉之歷史文化為禮體，作為研究起點。再從中釐出歷史哲學為經，文化哲學為緯，兼論政治哲學、人性內涵。這便是通觀《禮記》全書的整體觀照。而奠定形上義理綱維的，則以〈大學〉、〈中庸〉所說的內聖外王、修己治人之道作為根據。

　　而在此形上原理之實踐層面上：

其一，從〈曲禮〉「毋不敬」作為主眼，說明下學上達之道，及存理遏欲之事。

其二，從〈表記〉、〈坊記〉二文分別論修己、治人之道。

其三，以〈哀公問〉來掌握孔子對施政的基本態度與實踐方法過程，指點出儒家政治哲學的「形上原理」，期能以簡御繁。

其四，從〈孔子閒居〉、〈仲尼燕居〉體用同原之二篇，剖析了解當政者身為民之父母，必須達致「五至」、「三無」之觀念。船山之詮釋極為精采，筆者於其間詳為疏理，並附表說明，從中可看出五至

三無之義理，是漢初時《禮記》的作者融匯儒家道德心性形上學的重大成就。

其五，平治天下以政、教為二大端，故從〈王制〉、〈文王世子〉、〈學記〉、〈樂記〉諸篇接續探討教育之內涵，及政治措施教化作用之考量。再及於實際教育措施方法之探究，以及音樂藝術美育之陶養人生。

藉由以上總述之義理為基礎，即可藉此探察船山對歷史、政治、教育、宗教、藝術等各門各類的理論建樹。筆者認為如此不惟可以深入廣博地了解船山哲學特色，同時對於《禮記》的思想精義已有系統性的掌握。當然，以《禮記》卷帙之龐大，仍有許多細部問題值得再予深究體會。總之，實際上船山禮學的研究並無止期，仍可作長期而系統性的理論深掘。期待本篇論文已對船山禮學奠定之基礎規模，可助益作後續研究者進一步研發探究。

要言之，船山禮學的貢獻在於將禮放到整個歷史文化的場域中，由於立基於仁心善性，乃能有本有原，發為博大精深之理據。落實在歷史、政治、宗教、社會、教育、人生各層面，都能顯現思想精采。其行文無論是依經立注、串釋衍伸，或者是縱論全篇、騁其議論，皆能恃其哲學思想之完整體系，兼且靈活運用於各層面之實踐上，故足可啓迪思維、發人深省。不僅借資吾人立身處世，有所補益，更能鑑往知來，提供吾人對當前政治文化、社會人生各種現象，深入思索，建構治世安民之良方，豈能不予以重視。

參考書目

一、經典、古籍

1. 〔周〕左丘明，《國語》，臺北・九思出版社。
2. 〔漢〕司馬遷，《史記》，臺北，鼎文書局，1979 年。
3. 〔漢〕班固，《漢書》，臺北，鼎文書局，1979 年。
4. 〔漢〕鄭玄，《毛詩鄭箋》，臺北，新興書局。
5. 〔漢〕王弼，《老子王弼注》，臺北，河洛，1974 年。
6. 〔唐〕孔穎達，《禮記正義》，《十三經注疏》本。
7. 〔唐〕孔穎達，《詩經注疏》，《十三經注疏》本。
8. 〔宋〕司馬光，《資治通鑑》，臺北，中新書局，1978 年。
9. 〔宋〕張載，《張載集》，臺北，漢京，1984 年。
10. 〔宋〕程顥、程頤，《二程集》，臺北，里仁書局，1981 年。
11. 〔宋〕朱熹，《近思錄》，臺北，商務印書館，1996 年。
12. 〔宋〕朱熹，《儀禮經傳通解》，上海，上海古籍出版社，2002 年。
13. 〔宋〕朱熹，《四書章句集註》，臺北，鵝湖出版社，1984 年初版。
14. 〔宋〕陳澔，《禮記集說》，上海古籍出社版，1994 年版。
15. 〔宋〕陸象山，《象山全集》。
16. 〔明〕王陽明，《王陽明全集》，臺北，河洛，1978 年台影印初版。
17. 〔清〕《四庫全書總目提要》。
18. 〔清〕阮元用文選樓藏本校勘，《十三經注疏》，清嘉慶二十年重刊宋本，臺北，大化書局。
19. 〔清〕郭慶藩，《莊子集釋》，臺北，河洛，1974 年台影印一版。

20. 〔清〕杭世駿，《續禮記集說》，臺北，明文書局，1992 年。

21. 〔清〕曾國藩，〈船山遺書序〉，收於《船山全書》第十六冊，長沙，嶽麓書社，1996 年。

22. 〔清〕顧炎武，《日知錄》，黃侃校記原抄本。

23. 〔清〕朱彬，《禮記訓纂》，北京，中華書局，1996 年。

24. 〔清〕孫希旦，《禮記集解》，臺北，文史哲出版社，1990 年。

25. 〔清〕黃宗羲，《宋元學案》，臺北，河洛圖書出版社。

26. 〔清〕黃宗羲，《明儒學案》，臺北，河洛圖書出版社。

27. 《禮記引得》，臺北，哈佛燕京學社，1966 年。

二、王船山著作部分

《船山全書》十六冊，長沙，嶽麓書社，1996 年。

《周易內傳》

《周易大象解》

《周易稗疏》

《周易外傳》

　以上收於《船山全書》第一冊。

《尚書稗疏》

《尚書引義》

　以上收於《船山全書》第二冊。

《詩經稗疏》

《詩廣傳》

　以上收於《船山全書》第三冊。

《禮記章句》

　以上收於《船山全書》第四冊。

《春秋稗疏》

《春秋家說》

《春秋世論》

《續春秋左氏傳博議》

　以上收於《船山全書》第五冊。

《四書稗疏》

《四書考異》

《四書箋解》

《讀四書大全說》

　　以上收於《船山全書》第六冊。

《四書訓義》（上）

　　以上收於《船山全書》第七冊。

《四書訓義》（下）

　　以上收於《船山全書》第八冊。

《說文廣義》

　　以上收於《船山全書》第九冊。

《讀通鑑論》

　　以上收於《船山全書》第十冊。

《宋論》

《永曆實錄》

《繹史》

《蓮峰志》

　　以上收於《船山全書》第十一冊。

《張子正蒙註》

《思問錄》

《俟解》

《黃書》

《噩夢》

《識小錄》

《搔首問》

《龍源夜話》

　　以上收於《船山全書》第十二冊。

《老子衍》

《莊子通》

《莊子解》

《相宗絡索》

《愚鼓詞》

《船山經義》

以上收於《船山全書》第十三冊。

《楚辭通釋》

《古詩評選》

《唐詩評選》

《明詩評選》

以上收於《船山全書》第十四冊。

《薑齋文集》

《薑齋詩集》

《薑齋詞集》

《薑齋詩話》

《龍舟會雜劇》

《拾遺》

以上收於《船山全書》第十五冊。

《傳記》

《年譜》

《雜錄》

以上收於《船山全書》第十六冊。

三、後人研究船山學術部分

（一）專書論文

1. 方克，《王船山辯證法思想研究》，長沙，湖南人民出版社，1984 年。

2. 方志華，《王船山即學言性之教育原理》，臺灣師大教育研究所碩士論文，1992 年。

3. 王孝魚，《船山學譜》，臺北，廣文書局，1975 年。

4. 王季香，《王船山格物致知論》，高雄師大國文研究所碩士論文，1986 年。

5. 吳立民，徐蓀銘，《船山佛道思想研究》，長沙，湖南人民出版社，1992 年。

6. 李守庸，《王船山經濟思想研究》，長沙，湖南人民出版社，1987 年。

7. 李增財，《從讀通鑑論宋論淺窺王船山的思想》，輔仁大學哲學研究所碩士論文，1973 年。

8. 杜英賢，《王船山的歷史哲學》，文化大學哲學研究所碩士論文，1974 年。

9. 杜維運，〈王夫之與中國史學〉，收于《清代史學與史家》，臺北，東大，

1984 年。

10. 汪毅,《王船山的社會思想》,不詳,1956 年。

11. 周調陽等,《王船山學術討論集》,湖南湖北哲學社會科學聯合會,北京,中華書局,1965 年。

12. 林文彬,《王船山易學研究》,臺灣師大國文研究所博士論文,1990 年。

13. 林安梧,《王船山人性史哲學之研究》,臺大哲學研究所博士論文,1986 年。

14. 林寅慧,《論船山實踐進路的兩端一致論》,中央大學哲學研究所碩士論文,1994 年。

15. 林碧玲,《王船山之禮學》,政大中文研究所碩士論文,1986 年。

16. 侯外廬,《船山學案》,長沙,岳麓書社,1982 年。

17. 胡發貴,《王夫之與中國文化》,貴州人民出版社,2000 年。

18. 唐凱寧,張懷承,《六經責我開生面——王船山倫理思想研究》,長沙,湖南出版社,1992 年。

19. 袁爾鉅,《王夫之》,吉林文史出版社,1997 年。

20. 張立文,《船山哲學》。臺北,七略,2000 年。

21. 張西堂,《王船山學譜》,商務印書館,1972 年。

22. 張廷榮,《船山論養浩然之氣新述》,臺北,臺灣商務,1974 年。

23. 船山學會,《船山學術研究集》,臺北,自由出版社,1973 年。

24. 許長謨,《王船山經世思想析論》,臺灣師大三民主義研究所碩士論文,1989 年。

25. 許冠三,《王船山的致知論》,香港中文大學出版社,1981 年。

26. 陳章錫,《王船山詩廣傳義理疏解》,臺灣師大國文研究所碩士論文,1985 年。

27. 陳遠寧,《中國古代政治觀的批判總結——王船山政治觀研究》,長沙,湖南出版社,1992 年。

28. 陳遠寧、王興國、黃洪基,《王船山認識論範疇研究》,長沙,湖南人民出版社,1982 年。

29. 陸復初編著,《王船山學案》,湖北人民出版社。

30. 嵇文甫,《王船山史論選評》,出版不詳。

31. 嵇文甫,《王船山學術論叢》,臺北,谷風,1987 年。

32. 曾春海,《王船山易學闡微》,輔仁大學哲學研究所博士論文,1978 年。

33. 曾昭旭,《王船山哲學》,臺北,遠景,1983 年。

34. 賀麟,《王船山的歷史哲學》,牧童出版社。

35. 黃明同，呂錫琛，《王船山歷史觀與史論研究》，長沙，湖南出版社，1986年。

36. 黃懿梅，《中國歷代思想家（38）——王夫之》，臺北，商務印書館，1979年。

37. 黃懿梅，《王船山的倫理學》，臺灣大學哲學研究所碩士論文，1974年。

38. 劉志盛，劉萍，《王船山著作叢考》，長沙，湖南人民出版社，1999年。

39. 劉春建，《王夫之學行繫年》，河南，中州古籍出版社，1989年。

40. 劉紀珞，《論王船山哲學中歷史中之天理》，臺灣大學哲學研究所碩士論文，1984年。

41. 蕭萐父，《王船山辯證法思想引論》，湖北人民出版社，1984年。

42. 蕭漢明，《船山易學研究》，北京，華夏出版社，1987年。

43. 戴景賢，《王船山之道器論》，臺灣大學中文研究所博士論文，1982年。

44. 羅小凡，王興國主編，《船山學論》，船山學刊社出版，1993年。

45. 譚承耕，《船山詩論及創作研究》，長沙，湖南出版社，1992年。

（二）期刊文章

1. 丁履譔，〈王船山的詩觀〉，《中外文學》，9卷12期。

2. 方志華，〈王夫之的「學」「習」思想對孟、荀天人關係思想之融攝〉，《實踐學報》31卷，2000年6月，頁295～315。

3. 王澤應，〈王夫之與康德（Immanuel Kant）人學思想之比較研究〉，《中國文化月刊》164期，1993年6月，頁41～63。

4. 王興國，〈紀念王船山逝世三百周年學術研討會綜述〉，收於《中國社會科學》第二期（總第80期），北京，中國社會科學出版部，1993年。

5. 甲凱，〈王船山的實有歷史哲學〉，《鵝湖月刊》，5期。

6. 甲凱，〈思問錄與王船山〉，《中央月刊》，6卷10期。

7. 甲凱，〈讀王船山通鑑論〉，《中央月刊》，4卷12期。

8. 朱浤源、蔣秋華、朱榮貴，〈王夫之民族思想重觀〉，《哲學與文化》232期，1993年9月，頁905～922。

9. 朱榮貴，〈王夫之「民族主義」思想商榷〉，《中國文哲研究集刊》4期，1994年3月，頁521～548。

10. 朱漢民，〈六經責我開生面的王夫之〉，收於陳谷嘉主編：《岳麓書院名人傳》，長沙，湖南大學出版社，1995年。

11. 朱耀廷，〈王夫之治學成才的啟示〉，《中國文化月刊》217期，1998年4月，頁11～24。

12. 牟宗三，〈王船山論佛老與申韓〉，《幼獅月刊》，2卷8期。

13. 牟宗三，〈黑格爾與王船山〉，收於《生命的學問》，臺北，三民書局，1976年。

14. 何保中，〈評讀通鑑論〉，《哲學雜誌》1 卷，1992 年 5 月，頁 116～120。

15. 吳彰裕，〈王船山華夷思想〉，《空大行政學報》4 期，1995 年 11 月，頁77～93。

16. 呂實強，〈王船山民族思想的再省察〉，《哲學與文化》232 期，1993 年 9月，頁 840～847。

17. 宋偉民，〈王夫之法律思想述評〉，《中國文化月刊》162 期，1993 年 4 月，頁 21～41。

18. 宋偉民，〈論王夫之的治學方法〉，《中國文化月刊》186 期，1995 年 4 月，頁 23～41。

19. 束世澂，〈王船山之政法思想〉，《史地學報》，3 卷 4 期。

20. 李正治，〈王船山詩觀略探〉，《師鐸》，3 期。

21. 李匡郎，〈船山先生春秋學初探〉，《哲學與文化》232 期，1993 年 9 月，頁 894～904。

22. 李宗定，〈關於林安梧教授「後新儒家哲學的思維向度」幾點疑問〉，《鵝湖》299 期，2000 年 5 月，頁 47～55。

23. 李國英，〈王船山學說〉，《孔孟學報》，12 期。

24. 杜保瑞，〈從氣論進路說船山的人道論思想〉，《哲學與文化》232 期，1993年 9 月，頁 935～949。

25. 杜維運，〈王夫之與中國史學〉，《輔大人文學報創刊號》。

26. 杜維運，〈王船山之史學方法論〉，《幼獅學誌》，9 卷 3 期。

27. 周世輔，〈王船山哲學思想述要〉，《湖南文獻季刊》，3 卷 1 期。

28. 林文彬，〈王夫之論「周易」「扶陽抑陰」之教〉，《國立中興大學台中夜間部學報》1 期，1995 年 11 月，頁 1～25。

29. 林文彬，〈王夫之論「周易」「卦主」〉，《國立中興大學台中夜間部學報》2 期，1996 年 11 月，頁 35～54。

30. 林安梧，〈明末清初關於「格物致知」的一些問題──以王船山人性史哲學為核心的宏觀理解〉，《中國文哲研究集刊》15 期，1999 年 9 月，頁313～335。

31. 林明宜，〈王船山人性論之結構──以「讀四書大全說」為主要範圍〉，《思與言》33 卷 4 期，1995 年 12 月，頁 29～53 。

32. 姚一葦，〈薑齋詩話中之主賓說〉，《中外文學》，10 卷 6 期。

33. 胡楚生，〈試析王船山所論老子思想的基本瑕疵〉，《中國書目季刊》25卷 3 期，1991 年 12 月，頁 25～32。

34. 胡鴻文，〈王船山的知識論〉，《湖南文獻季刊》，5 卷 2 期。

35. 唐君毅，〈王船山之人文化成論〉，收於《中國哲學原論・原教篇》，臺北，學生書局，1977 年。

36. 唐君毅，〈王船山之人性論〉，收於《中國哲學原論・原教篇》，臺北，學生書局，1977 年。

37. 唐君毅，〈王船山之人道論〉，收於《中國哲學原論・原教篇》，臺北，學生書局，1977 年。

38. 唐君毅，〈王船山之天道論〉，收於《中國哲學原論・原教篇》，臺北，學生書局，1977 年。

39. 唐君毅，〈王船山之性命天道關係論〉，收於《中國哲學原論・原教篇》，臺北，學生書局，1977 年。

40. 唐君毅，〈王船山以降之即氣質才習情欲以言性義〉，收入《中國哲學原論・原性論》，學生書局，1977 年。

41. 唐斌成，〈王船山主體性思想述評〉，《湖南文獻》83 期，1993 年 7 月，頁 10～14。

42. 孫廣德，〈王船山思想中的君主角色〉，《哲學與文化》232 期，1993 年 9 月，頁 848～859。

43. 徐蓀銘，〈王船山論周子與佛道的關係〉，《中國文化月刊》171 期，1994 年 1 月，頁 29～35。

44. 康侶叔，〈王船山的家學淵源〉，《民主評論》，6 卷 10 期。

45. 張永，〈析論王船山「君相可以造命論」之民主精神〉，哲學與文化》232 期，1993 年 9 月，頁 860～869。

46. 張永堂，〈方以智與王夫之〉，《書目季刊》，7 卷 2 期。

47. 張立文，〈王船山的體認論（下）〉，《哲學與文化》，1998 年 11 月，頁 1034～1048。

48. 張立文，〈王船山的體認論（上）〉，《哲學與文化》293 期，294 期，1998 年 10 月，頁 920～934＋989～990。

49. 張克偉，〈明末清初一代儒宗王船山先生傳〉，《湖南文獻》82 期，1993 年 4 月，頁 25～27。

50. 張廷榮，〈船山生命哲學之研究〉，《湖南文獻》，6～8 期。

51. 張懷承，〈王船山天人之道學說的倫理價值〉，《中國文化月刊》161 期，1993 年 3 月，頁 25～39。

52. 張懷承，〈王船山由「道」入「德」論簡議〉，《鵝湖》226 期，1994 年 4 月，頁 21～27。

53. 張懷承，〈王船山性體實有的思想論微〉，《中國文化月刊》169 期，1993

年 11 月，頁 53～70。

54. 張懷承，〈王船山道德價值論精華〉，《孔孟學報》68 期，1994 年 9 月，頁 235～259。

55. 張懷承，〈自然與道德——王船山的理欲之辨〉，《孔孟月刊》360 期，1992 年 8 月，頁 13～22。

56. 張懷承，〈船山論理簡析〉，《哲學與文化》208 期，1991 年 9 月，頁 816～824。

57. 梁亦橋，〈王船山的易學〉，《中國學人》，3 期。

58. 許冠三，〈王船山的宇宙觀〉，《香港中文大學中國文化研究所學報》，10 卷上冊。

59. 陳允成，〈試論王船山先生之經世思想〉，《台中商專學報》30 卷，1998 年 6 月，頁 175～181。

60. 陳民珠，〈試論王夫之「瀟湘怨詞」中的遺民情思與藝術特色〉，《中華學苑》45 期，1995 年 3 月，頁 347～366 。

61. 陳忠成，〈王船山之家學〉，《孔孟月刊》，14 卷 4 期。

62. 陳忠成，〈王船山論習與性〉，《孔孟學報》，32 期。

63. 陳昱志，〈船山意倦興亡日‧史筆如繩定是非——勞思光「基源問題研究法」的省察 （下）〉，《鵝湖》228 期，1994 年 6 月，頁 38～51。

64. 陳昱志，〈船山意倦興亡日‧史筆如繩定是非——勞思光「基源問題研究法」的省察 （上）〉，《鵝湖》227 期，1994 年 5 月，頁 40～45。

65. 陳重文，〈王船山的基元方法論〉，《出版月刊》，16～17 期。

66. 陳重文，〈王船山的莊子通研究〉，《國魂》，267～268 期。

67. 傅士眞，〈從歷史觀點論船山的學術思想〉，《臺北商專學報》，2 期。

68. 喻寶善，〈王夫之的知能教育觀〉，《中國文化月刊》143 期，1991 年 9 月，頁 14～20。

69. 曾春海，〈船山易學與朱熹易學觀之比較研究〉，《哲學與文化》232 期，1993 年 9 月，頁 870～882。

70. 曾昭旭，〈王船山兩端一致論衍義〉，《鵝湖》241 期，1995 年 7 月，頁 9～13 。

71. 曾昭旭，〈朱子陽明與船山之格物義〉，《鵝湖月刊》，54 期。

72. 曾昭旭，〈論儒家工夫論的轉向——從王陽明到王船山〉197 期，《鵝湖》，1991 年 11 月，頁 1～7。

73. 曾昭旭，〈讀船山論天理人欲〉，《鵝湖月刊》，26 期。

74. 曾昭旭，〈讀船山論庶民之害〉，《鵝湖月刊》，25 期。

75. 曾昭旭，〈讀船山論慎言〉，《鵝湖月刊》，24 期。

76. 曾昭旭，〈讀船山論道生於餘情〉，《鵝湖月刊》，27 期。

77. 曾聖益，〈王船山「讀通鑑論」之君臣論〉，《人文學報》4 卷 22 期，1998 年 7 月，頁 65～94。

78. 馮玉輝 ，〈從宏觀探索王船山思想的發展〉，《中國文化月刊》172 期，1994 年 2 月，頁 23～34。

79. 馮玉輝，〈王船山思想的淵源〉，《中國文化月刊》143 期，1991 年 9 月，頁 21～25。

80. 黃繼持，〈王船山之論「理與氣」、「心與理」的探究〉，《大陸雜誌》，35 卷 12 期。

81. 黃繼持，〈王船山理勢思想想申論〉，《壽羅香林教授論文集》。

82. 黃懿梅，〈王船山的知識論〉，《幼獅學誌》，15 卷 1 期。

83. 楊堅，〈禮記章句編後校記〉，收錄於《船山全集》第四冊，長沙，嶽麓書院，1996 年。

84. 葉敬德，〈王夫之的婚姻倫理觀〉，《人文中國學報》1 期，1995 年 4 月，頁 209～239。

85. 董金裕，〈王船山與張橫渠思想之異同〉，《哲學與文化》232 期，1993 年 9 月，頁 883～893。

86. 褚柏思，〈傳聖賢學脈的王船山〉，《湖南文獻季刊》，8 期。

87. 趙雅博，〈王船山宇宙生發的思想——爲紀念逝世百週年而寫（上）〉，《孔孟月刊》377 期，1994 年 1 月，頁 22～29。

88. 趙雅博，〈王船山宇宙生發的思想——爲紀念逝世兩百週年而寫（下）〉，《孔孟月刊》378 期，1994 年 2 月，頁 31～39。

89. 劉茂華，〈王夫之先生學術思想繫年〉，《新亞學報》，9 卷 1 期。

90. 劉浩洋，〈王船山的知行學說〉，《孔孟月刊》405 期，1996 年 5 月，頁 28～36。

91. 潘小慧，〈我國道德教育與儒家思想——當前道德教育的哲學省思〉，《哲學與文化》275 期，1997 年 4 月，頁 337～350。

92. 潘小慧，〈從王船山的本體論看其人性論〉，《哲學與文化》232 期，1993 年 9 月，頁 923～934。

93. 蔣國保，〈評王夫之論方以智〉，《中國文化月刊》163 期，1993 年 5 月，頁 15～33。

94. 蔡仁厚，〈從「理、心、氣」的義蘊看船山思想的特色〉，《中國文化月刊》167 期，1993 年 9 月，頁 34～45。

95. 蔡振豐，〈對王船山詩論中「以意爲主」說的一點看法〉，《臺大中文學報》4 期，1991 年 6 月，頁 383～397。

96. 鄭鶴聲，〈讀王船山先生讀通鑑論宋論〉，《史地學報》，3 卷 7 期。

97. 蕭天石，〈能承能創的船山思想〉，《藝文誌》，91 期。

98. 蕭馳，〈船山詩學中「現量」意涵的再探討：兼論傳統「情景交融」理論研究的一個誤區〉，《漢學研究》37 卷，2000 年 12 月，頁 369～396。

99. 蕭馳，〈論船山天人之學在詩學中之展開〉，《中國文哲研究集刊》15 期，1999 年 9 月，頁 107～153。

100. 顏淑君，〈論張載之禮學思想〉，《孔孟學報》72 期，1996 年 9 月，頁 175～198。

101. 羅光，〈王船山形上哲學思想的系統〉，《哲學與文化》232 期，1993 年 9 月，頁 832～839。

102. 羅光，〈王船山周易大象解的意義〉，《哲學與文化》225 期，1993 年 2 月，頁 154～164。

103. 羅光，〈王船山的易學〉，《湖南文獻》，5～6 期。

104. 羅光，〈王船山的歷史哲學思想〉，《哲學論集》，1 期。

105. 嚴壽澂，〈「思問錄」與船山思想〉，《百年》5 卷，1999 年 9 月，頁 1～13。

106. 嚴壽澂，〈莊子、重玄與相天——王船山宗教信仰述論〉，《中國文哲研究集刊》15 卷，1999 年 9 月，頁 389～430。

107. 《船山學刊》編輯部，《船山學刊》，第 22 期～28 期，湖南省社會科學界聯合會主辦，1994～1996。

四、禮學研究

（一）專書論文

1. 方俊吉，《禮記之天地鬼神觀探究》。臺北：文史哲，1985 年。

2. 王夢鷗，《禮記校證》，臺北，藝文印書館，1976 年。

3. 朱正義，林開甲譯注，《禮記》。臺北：錦繡，1992 年。

4. 吳萬居，《宋代三禮學研究》，臺北，國立編譯館，1999 年。

5. 周何，《古禮今談》，臺北，萬卷樓，1993 年。

6. 周何，《說禮》，臺北，萬卷樓，1998 年。

7. 周何，《儒家的理想國——禮記》，臺北，時報，1991 年。

8. 周何，《禮學概論》，臺北，三民書局，1998 年初版。

9. 林平和，《禮記鄭注音讀與釋義之商榷》。臺北：文史哲，1981 年。

10. 林素英，《古代祭禮中之政教觀》，臺北，文津出版社，1997 年。

11. 邱衍文，《中國上古禮制考辨》，臺北，文津出版社，1990 年。

12. 姜義華，《新譯禮記讀本》，臺北，三民書局，1997 年。

13. 孫希旦，《禮記集解》。臺北：文史哲，1990 年。

14. 馬小紅，《禮與法》，北京，經濟管理出版社，1997 年。

15. 馬征，《多維視野中的禮樂文化》，天津社會科學院出版社，1996 年。

16. 崔光宙，《先秦儒家禮樂教化思想在現代教育上的涵義與實施》，臺北，東吳大學中國學術著作獎助委員會，1985 年。

17. 常金倉，《周代禮俗研究》，臺北，文津出版社，1993 年。

18. 張鶴泉，《周代祭禮研究》，臺北，文津出版社，1993 年。

19. 陳戍國，《先秦禮制研究》，湖南教育出版社，1991 年。

20. 華有根，《西漢禮學新論》，上海社會科學院出版社，1998 年。

21. 楊天宇，《儀禮譯注》，上海古籍出版社，1994 年。

22. 楊天宇，《禮記譯注》，上海古籍出版社，1997 年。

23. 楊向奎，《宗周社會與禮樂文明》，北京，人民出版社，1997 年。

24. 鄒昌林，《中國禮文化》，北京，社會科學文獻出版社，2000 年。

25. 劉松來，《禮記漫談》，臺北，頂淵，1997 年初版。

26. 劉善澤，《三禮注漢制疏證》，長沙，岳麓書社，1997 年。

27. 劉殿爵，陳方正主編，《禮記逐字索引》。臺北，臺灣商務，1992 年。

28. 蕭公彥，《禮學之內涵與北宋禮學的發展》。作者出版，1988 年。

29. 錢玄，《三禮通論》，南京師範大學出版社，1996 年。

30. 謝謙，《中國古代宗教與禮樂文化》，四川人民出版社，1996 年。

31. 蘇志宏，《秦漢禮樂教化論》，四川人民出版社，1991 年。

（二）期刊文章

1. 王蕅，〈「禮記‧樂記」是神秘主義嗎？〉，《鵝湖》305 期，2000 年 11 月，頁 39～45。

2. 吳品賢，〈從大小戴禮記看婦女妊娠期間的禮俗規範〉，《孔孟月刊》455 期，2000 年 7 月，頁 36～45。

3. 李宗薇，〈禮記樂記之義涵及對人格教育的啟示〉，《國立臺北師範學院學報》12 期，1999 年 6 月，頁 33～53。

4. 李新霖，〈「禮記」的家庭教育〉，《臺北科技大學學報》32 卷 1 期，1999 年 3 月，頁 543～567。

5. 車行健，〈論鄭玄對「禮記‧月令」的考辨〉，《東華人文學報》1 期，1999 年 7 月，頁 183～196。

6. 林珍瑩，〈談「禮記‧曲禮」中的人際處理〉，《國文天地》169 期，1999

年 6 月，頁 33～36。

7. 林素英，〈談「禮記・檀弓」對中學生情意教育的意義──讓中學生在生活中與「禮」結緣〉，《人文及社會學科教學通訊》57 期，1999 年 10 月，頁 49～64。

8. 洪雲庭，〈中國教育經典──禮記學記篇的現代教育意義〉，《高市鐸聲》7 卷 1 期，1996 年 10 月，頁 14～21。

9. 紀志昌，〈「誠」與「齋戒」──從祭禮到哲學的轉化〉，《哲學與文化》318 期，2000 年 11 月，頁 1084～1095。

10. 秦照芬，〈論殷周祭祖禮之異同〉，《臺北市立師範學院學報》31 期，2000 年 4 月，頁 269～284。

11. 高莉芬，〈禮記學記篇中所見之儒家教育思想〉，《孔孟月刊》341 期，1991 年 1 月，頁 9～13。

12. 張志芳，〈仁-禮學說與現代化──探中國傳統文化的現實意義〉，《中國文化月刊》252 期，2001 年 3 月，頁 14～24。

13. 張崑將，〈從「禮記」「學記」篇看古代教育的「教」與「學」關係〉，《史原》，1997 年 5 月，20 期，頁 1～31。

14. 張壽安，〈凌廷堪的禮學思想──「以禮代理」說與清乾嘉學術思想之走向〉，《中央研究院近代史研究所集刊》21 期，1992 年 6 月，頁 85～122。

15. 張壽安，〈凌廷堪與清中葉的崇禮學風〉，《中央研究院近代史研究所集刊》22 期（下），1993 年 6 月，頁 309～334。

16. 張銀樹，〈「禮記・樂記」音樂教育思想之探析與評論〉，《輔仁學誌》26 期，1997 年 6 月，頁 1～26。

17. 張錦青，〈「禮記・禮運」與儒家〉，《鵝湖學誌》19 期，1997 年 12 月，頁 117～158。

18. 莊雅州，〈經學的新生地──大戴禮記〉，《國文天地》165 期，1999 年 2 月，頁 16～20。

19. 許淑華，〈從「禮記」「禮運」、「禮器」、「郊特牲」探討先秦儒家制禮的原理〉，《興大中文研究生論文集》3 期，1998 年 7 月，頁 13～35。

20. 陳文豪，〈「事君有犯而無隱」──從「禮記・檀弓」幾則故事談「話語的事奉」〉，《文藻學報》15 期，2001 年 3 月，頁 113～122。

21. 陳志信，〈尊尊與親親──試論「禮記」所反映的文化模式〉，《鵝湖》266 期，1997 年 8 月，頁 8～20。

22. 陳忠源，〈「禮記・曲禮」之語言觀試詮〉，《孔孟月刊》439 期，1999 年 3 月，頁 3～8。

23. 陳恆嵩，〈「禮記集說大全」修纂取材來源探究〉，《東吳中文研究集刊》4 期，1997 年 5 月，頁 1～24。

24. 陳章錫，〈從禮運篇探索孔子思想〉，《鵝湖月刊》，第 304 期，2000 年 10 月。

25. 黃信二，〈「禮記‧學記篇」之教育哲學思想〉，《哲學與文化》296 期，1999 年 1 月，頁 47～66+95。

26. 黃俊郎，〈古代的國民生活需知——禮記〉，《國文天地》164 期，1999 年 1 月，頁 20～23。

27. 葉國良，〈二戴禮記與儀禮的關係〉，《錢穆先生紀念館館刊》6 期，1998 年 12 月，頁 1～10。

28. 劉長林，〈早期儒家禮學的權利義務觀〉，《中國文化月刊》202 期，1997 年 1 月，頁 16～35。

29. 蔡仁厚，〈王陽明言「禮」之精義——「禮記纂言序」之義理疏解〉，《中國文化月刊》182 期，1994 年 12 月，頁 39～48。

30. 蔡瑜，〈論「聲音之道與政通」的意涵及其在詩評中的演繹過程〉，《文史哲學報》44 期，1996 年 6 月，頁 41～86。

31. 薛玲玲，〈禮記學記篇中國古代教育思想研究〉，《德育學報》16 期，2000 年 11 月，頁 21～27。

32. 鐘丁茂，〈禮記「學記」的教育思想〉，《國立臺灣體專學報》1 期，1992 年 6 月，頁 269～279。

五、其他相關專書論文

1. 方東美著，孫智燊譯，《中國哲學之精神及其發展》，臺北，成均出版社，1984 年。

2. 王邦雄，《中國哲學論集》，臺北，學生，1983 年。

3. 王邦雄、曾昭旭、楊祖漢，《孟子義理疏解》，臺北，鵝湖，1995 年。

4. 王邦雄、曾昭旭、楊祖漢，《論語義理疏解》，臺北，鵝湖，1983 年。

5. 任繼愈主編：《中國哲學發展史》，北京，人民出版社，1985 年。

6. 牟宗三，《圓善論》，臺北，學生書局，1985 年。

7. 牟宗三，《中國哲學十九講》，臺北，學生書局，1997 年。

8. 牟宗三，《中國哲學的特質》，臺北，學生書局，1980 年台五版。

9. 牟宗三，《心體與性體（二）》，臺北，正中書局，1978 年。

10. 牟宗三，《生命的學問》，臺北，三民書局，1976 年四版。

11. 牟宗三，《從陸象山到劉蕺山》，臺北，學生書局，1979 年。

12. 牟宗三，《歷史哲學》，臺北，學生書局，1978 年台三版。

13. 吳康，《宋明理學》，臺北，華國出版社，1977 年。

14. 岑溢成，《大學義理疏解》，臺北，鵝湖月刊雜誌社，1984 年。

15. 楊祖漢，《中庸義理疏解》，臺北，鵝湖月刊雜誌社，1984 年。

16. 林安梧，《現代儒學論衡》，臺北，葉強，1987 年。

17. 林安梧，《儒學與中國傳統社會之哲學省察》，臺北，幼獅，1996 年。

18. 林安梧，《中國近現代思想觀念史論》，臺北，學生，1995 年。

19. 金文達，《中國古代音樂史》，北京，人民音樂出版社，1994 年。

20. 柳詒徵，《中國文化史》，臺北，正中書局。

21. 唐君毅，《中國哲學原論·原性篇》，臺北，學生書局，1978 年。

22. 唐君毅，《中國哲學原論·原教篇上》，臺北，學生書局，1977 年。

23. 唐君毅，《中國哲學原論·原道篇》，臺北，學生書局，1978 年。

24. 唐君毅，《中國哲學原論·導論篇》，臺北，學生書局，1978 年。

25. 唐君毅，《中國哲學原論·原教篇下》，臺北，學生書局，1977 年。

26. 唐君毅，《中國哲學原論·原道篇》卷二，臺北，學生書局，1978 年三版。

27. 容肇祖，《明代思想史》，臺北，開明書局，1962 年。

28. 徐復觀，《中國思想史論集》，臺北，學生書局，1975 年。

29. 徐復觀，《中國思想史論集續編》，臺北，時報，1982 年。

30. 徐復觀，《中國藝術精神》，臺北，學生書局，1976 年。

31. 徐復觀，《兩漢思想史》，臺北，學生書局，1978 年

32. 徐復觀，《中國人性論史》，臺北，商務印書館，1978 年四版。

33. 徐復觀，《學術與政治之間》，臺北，學生書局，1980 年。

34. 徐復觀，《中國經學史的基礎》，臺北，學生書局，1982 年初版。

35. 馬一浮，《復性書院講錄》，臺北，廣文書局，1980 年。

36. 高柏園，《中庸形上思想》，臺北，東大，1991 年。

37. 張君勱，《新儒家思想史》，臺北，張君勱先生獎學金基金會，1980 年。

38. 梁啓超，《中國近三百年學術史》，臺北，中華書局，1983 年。

39. 陳正焱，林其錟：《中國古代大同思想研究》，中華書局香港分局，1988 年初版。

40. 陸寶千，《清代思想史》，臺北，廣文書局，1983 年。

41. 章權才，《宋明經學史》，廣東人民出版社，1999 年。

42. 勞思光，《中國哲學史》，臺北，三民書局，2001 年。

43. 曾昭旭，《在說與不說之間——中華義理學之思維與實踐》，臺北，漢光出版公司，1992 年初版。

44. 曾昭旭,《道德與道德實踐》,臺北,漢光,1983 年。

45. 馮友蘭,《中國哲學史》。

46. 楊祖漢,《當代儒學思辨錄》,臺北,鵝湖,1998 年。

47. 袁保新,《孟子三辨之學的歷史省察與現代詮釋》,臺北,文津,1992 年。

48. 楊蔭瀏,《中國古代音樂史稿》,臺北,丹青,未著出版年代。

49. 熊十力,《十力語要》,臺北,洪氏出社社,1975 年。

50. 熊十力,《原儒》,臺北,明文書局,1984 年。

51. 熊十力,《讀經示要》,臺北,洪氏出版社,1976 年。

52. 蒙培元,《理學的演變——從朱熹到王夫之戴震》,福建人民出版社,1998 年。

53. 齊佩鎔,《訓詁學概要》,臺北,廣文書局,1979 年。

54. 劉述先,《朱子哲學思想的發展與完成》,臺北,學生書局,1982 年。

55. 蔣伯潛,《四書讀本》,臺北,啟明書局。

56. 蔡仁厚,《宋明理學北宋篇》,臺北,學生書局,1979 年。

57. 蔡仁厚,《宋明理學南宋篇》,臺北,學生書局,1980 年。

58. 蔡仁厚,《孔孟荀哲學》,臺北,學生書局,1988 年。

59. 蕭公權,《中國政治思想史》,臺北,聯經出版公司。

60. 錢玄同等,《古史辨》,不詳。

61. 錢穆,《中國近三百年學術史》,臺北,商務印書館,1968 年。

62. 錢穆,《中國學術思想史論叢》,臺北,東大圖書公司,1990 年。

63. 錢穆,《四書釋義》,臺北,學生書局,1978 年。

64. 錢穆,《朱子新學案》,臺北,三民書局,1971 年。

65. 錢穆,《國史大綱》,臺北,商務印書館,1978 年。

66. 羅光,《中國哲學思想史清代篇》,臺北,學生書局,1981 年。